創造力3B法則

Bending / Breaking / Blending

善用大腦的運作機制，提升創新思考的核心能力！

David Eagleman & Anthony Brandt —— 著

丁凡 —— 譯

The Runaway Species

How human creativity remakes the world

遠流出版公司

大眾心理學叢書

出版緣起

一九八四年，在當時一般讀者眼中，心理學還不是一個日常生活的閱讀類型，它還只是學院門牆內一個神祕的學科，就在歐威爾立下預言的一九八四年，我們大膽推出《大眾心理學全集》的系列叢書，企圖雄大地編輯各種心理學普及讀物，迄今已出版達三百多種。

《大眾心理學全集》的出版，立刻就在臺灣、香港得到旋風式的歡迎，翌年，論者更以「大眾心理學現象」為名，對這個社會反應多所論列。這個閱讀現象，一方面使遠流出版公司後來與大眾心理學有著密不可分的聯結印象，一方面也解釋了臺灣社會在群體生活日趨複雜的背景下，人們如何透過心理學知識掌握發展的自我改良動機。

但三十年過去，時代變了，出版任務也變了。儘管心理學的閱讀需求持續不衰，我們仍要虛心探問：今日中文世界讀者所要的心理學書籍，有沒有另一層次的發展？

在我們的想法裡，「大眾心理學」一詞其實包含了兩個內容：一是「心理學」，指出叢書的範圍，但我們採取了更寬廣的解釋，不僅包括西方學術主流的各種心理科學，也包括規範性的東方心性之學。二是「大眾」，我們用它來描述這個叢書的「閱讀介面」，大眾，是一種語調，也是一種承諾（一種想為「共通讀者」服務的承諾）。

經過三十年和三百多種書，我們發現這兩個概念經得起考驗，甚至看來加倍清晰。但叢書要打交道的讀者組成變了，叢書內容取擇的理念也變了。

　　從讀者面來說，如今我們面對的讀者更加廣大、也更加精細（sophisticated）；這個叢書同時要了解高度都市化的香港、日趨多元的臺灣，以及面臨巨大社會衝擊的中國沿海城市，顯然編輯工作是需要梳理更多更細微的層次，以滿足不同的社會情境。

　　從內容面來說，過去《大眾心理學全集》強調建立「自助諮詢系統」，並揭櫫「每冊都解決一個或幾個你面臨的問題」。如今「實用」這個概念必須有新的態度，一切知識終極都是實用的，而一切實用的卻都是有限的。這個叢書將在未來，使「實用的」能夠與時俱進（update），卻要容納更多「知識的」，使讀者可以在自身得到解決問題的力量。新的承諾因而改寫為「每冊都包含你可以面對一切問題的根本知識」。

　　在自助諮詢系統的建立，在編輯組織與學界連繫，我們更將求深、求廣，不改初衷。

　　這些想法，不一定明顯地表現在「新叢書」的外在，但它是編輯人與出版人的內在更新，叢書的精神也因而有了階段性的反省與更新，從更長的時間裡，請看我們的努力。

運用3B法則，打破常規做出創新

吳靜吉（政大創造力講座/名譽教授、國立中山大學榮譽講座教授）

　　畢卡索的著名創作《亞維儂的少女》（妓女赤裸裸直視性的邪惡），一旦面市，對當時的藝術傳統形成了最猛烈的衝擊。作者在這本書中，羅列出各式各樣人類文化史上前所未有的創建。當藝術家、工程師和設計師等打破常規做出創新時，作者認為，這些是大腦裡的基本軟體運作的結果。

　　那新點子從何而來的呢？作者在書中強調：「創造力就像鑽石，要將歷史壓縮起來，成為光亮的新形式。」2001年蘋果公司推出了iPod，賈伯斯之後說：「創造力其實就是把東西連結在一起。當你問有創意的人，他們怎麼能夠創造出某件事時，……。很明顯地，對他們來說，他們只是能夠連結他們的經驗，然後形成新的東西。」蘋果的產品如此，太空總署的工程師、福特和畢卡索等重塑世界時，也都是在向前人學習。

　　作者在本書中，提供了一個框架，將心智創新過程分為三個主要策略——3B法則：扭曲、打破和混和。

　　這3B法則在腦中自由運作提供了源源不絕的新創點子和行為。瑪莎·葛蘭姆（Martha Graham）的技巧和舞作、畢卡

吳靜吉簡介

美國明尼蘇達大學教育心理學博士，取得學位後，曾在 La MaMa實驗劇社擔任藝術家。回國後曾任政大心理學系教授、系主任、學術交流基金會 (Fulbright Taiwan) 執行長等職。

在表演藝術方面，曾任蘭陵劇坊藝術總監，並為紙風車319鄉村/368鄉鎮市區兒童藝術工程發起人。川博士於2009年開始主持政大「創造力講座」。2016年開始擔任中山大學榮譽講座教授。

暢銷作品《青年的四個大夢》、《創造力是性感的》、《心理與人生》、《心理與生活》、《害羞、寂寞、愛》和《人生的自我追尋》。吳博士是一位幽默且愛說笑的老師，自稱是「沒有圍牆的教育工作者」。

索的繪畫與雕塑都是運用扭曲法則，啟動創作的經典，將原始的物體或作品，透過大小、形狀等改編再創。作者認為這對扭曲（Bending）創新原則做了很好的詮釋。

大腦創意的第二個策略是打破（Breaking）。

元朝管道昇的《我儂詞》就是打破策略的最佳詮釋：

你儂我儂，忒煞情多；情多處，熱似火；把一塊泥，捻一個你，塑一個我。將咱兩個一齊打破，用水調和；再捻一個你，再塑一個我。我泥中有你，你泥中有我：我與你生同一個衾，死同一個槨。

我們可以打破一個實體或持續不斷的物件，把他們變成可以處理和管理的碎片，也就是說，我們的大腦將世界分解，然後重建、重塑。畢卡索的巨畫 <格爾尼卡> 便是用打破的技巧，呈現了戰爭的殘酷和恐怖。

我們的大腦裡有非常多的記憶與感知，可以毫無限制地運用第三個原則——混合（Blending）——各種想法。貝聿銘

將金字塔放到了羅浮宮的庭院裡，以及芙烈達‧卡蘿（Frida Kaylo）將自己的臉放在受傷的野鹿身體上，都是將兩個熟悉的源頭混合得很明顯的例子。

這本書的兩位作者，一個是對腦部運作興致勃勃的作曲家，一個是對藝術充滿熱情的神經科學家，他們用心跨域交融，再混合而理出3B法則。

創造力的研究、教學是學者的本務，但創造力的影響深遠，甚至創新足以興國。我在《創造力是性感的》和《創造力的激發》二本書中，都強調我們得從基礎教育開始，從小培養孩子們勇於創新的精神和思維，也同時培育年輕人創業心態和所需的技能，這些技能包含創造力、創新力、獨立自主和積極開創的能力。

在企業界，領導者、管理者和團隊，需要發揮創造力領導員工和組織，以挑戰越來越互聯和複雜的世界。我們也需要運用具想像力的方法和顧客溝通連結，同時設計出可彈性變通和快速處理的組織運作方式以處變不驚。

我們可以說，是大腦裡的基本認知軟體，造就出我們今日所見的人類文明。因而，強力推薦這本結合了創造力、認知心理學和藝術建築領域的《創造力3B法則》。

創造力的根本

白明奇（成大老年學研究所所長＆神經學教授）

　　有聽過創新細胞嗎？果真有創造力基因、或是發明家族嗎？

　　創新或創造力無所不在，遊移於學界、業界、商業、藝文界與行政部門，幾乎成為當代的代名詞。大學校長大聲疾呼要求教授學術創新，老師也要學生思考創新，科技部長要主持人研究創新，公司老闆要員工服務創新，業界更是卯足全勁推出創新商品，到底創新是甚麼？

　　《創造力3B法則》是一本有趣的書，一則又一則的故事，讀起來毫不費力。這樣說好像也不太對，因為這本書裡涵蓋許多人名、地點、事件，宛如一本科學、藝術、時尚、建築等的發展史，讀者偶爾也需要延伸閱讀、做點功課，否則無法前進；稍具知識基礎的讀者，讀起來可能會較為順暢些。

　　本書作者不斷強調別為苦無創意沮喪，幾乎所有創意都來自既已存在、或是他人的點子，被稱為創意大師的人其實多少都有些罪惡感呢！這讓我想起失智病人的妄想與幻覺，在大腦皮質上演的內容看來荒謬，但是把它想成一道菜，所有食材都

是自己的。早年在鄉下長大的病人視幻覺看到雞、鴨、鵝，或是牛、鳥、蝴蝶，但很少有看到金字塔或駱駝的描述；病人妄想的內容也多半是早年的人生經驗，不會跑出西洋劇情。所謂無中生有、天啟的創造，比例甚低。

作者之一David Eagleman具有神經科學家背景，引經據典說明面對創新作品時人腦的變化，也提出許多值得學習的地方。讀到海鞘找到藤壺當作住所後，就開始吸收自己的大腦當作養分成為身體的其他組織，這一段真讓人嚇一大跳！引人反思造物者給了我們一個這麼神奇的大腦的價值與意義。

本書另一位作者Anthony Brandt是作曲家，Anthony讓音樂及繪畫藝術融入原以為是神經科學叢書的本書，並產生了神奇的效果，彷彿來到巴黎、維也納，體驗藝術之旅，破解一幅又一幅偉大創作的靈感來源。

白明奇簡介

　　白明奇是神經科醫師、心理學博士,目前是成大醫學院神經學教授、成大老年學研究所所長、大台南熱蘭遮失智症協會理事長。多年來陸續於健康世界、中國時報、遠見雜誌、康健雜誌、健康2.0等,以專欄型式介紹失智症與行為神經學。著有《忘川流域:失智症船歌》、《彩虹氣球:失智症天空》及《松鼠之家:失智症大地》。同時也是2017年全國好人好事代表「八德獎」得主。

　　創造力除了可以解決不便,改善生活品質,更可能帶來財富,有時還能挽救生命,這就是貫穿全書描寫阿波羅13號太空船的際遇,太空人靠著看似創造力、實則引用各種知識以為應變的過程,令人讚嘆!

　　《創造力3B法則》的理念十分激勵人心,也讓人了解3B的精神所在。讀者不禁想問,3B又是甚麼創新名詞嗎?3B就是扭曲(Bending)、打破(Breaking)、混合(Blending)。

　　想要成為創造一族,快來賞讀吧!

迷因與創新

蔡振家（國立台灣大學音樂學研究所專任教師）

　　這是一個充斥著微影片、短旋律、小玩笑、假消息的時代，我們所接收的觀念與資訊，輕薄短小，變幻無方，或許可以稱為迷因（meme）。

　　四十幾年前，生物學家道金斯（Richard Dawkins）在《自私的基因》書中提出迷因這個觀念，它是指文化傳遞的單位，類似於生物遺傳的基本單位：基因（gene）。我們在生活中接觸到的口頭禪、洗腦歌、儀式動作、宗教信念，全都是迷因。透過人與人之間的模仿，迷因可以逐漸散布到群眾之中，演化出不同的型態。近年來，迷因獲得了新的意義，它是指在網路上被廣泛轉載的有趣東西，迷因不僅是被複製的文化碎片，更是網民展現創意的方式。

　　在這個迷因時代，《創造力3B法則》一書，無疑能讓人們更加瞭解迷因，更善於創造迷因。創造力的 3B 法則，是指經驗材料的扭曲（Bending）、打破（Breaking）和混合（Blending）。簡而言之，我們在探索世界時取得了一些素材，接下來可以將它變形，或是擷取其碎片，和其他的碎片混

蔡振家簡介

　台大物理系學士、台北藝術大學傳統藝術研究所碩士、柏林洪堡大學音樂學博士，現為台大音樂學研究所專任教師、神經生物與認知科學研究中心成員，開設「音樂、演化與大腦」、「音樂作品中的愛」等通識課。

合，熔鑄為新的作品。大腦運用 3B 法則，便能造就科技、藝術、音樂、文學的創新。

　　道金斯對於迷因的闡述，在《創造力 3B法則》中有許多精彩的舉例與延伸。《創造力3B法則》指出，創新通常不會憑空出現，而是衍生自前人的想法，即使是畢卡索（Paulo Picasso）〈亞維農的少女〉這種高度原創的作品，也有其「家譜」可循（第21-23頁）。道金斯指出不同的迷因經常彼此合作，發揮更大效益，這就是 3B 法則中的「混合」。值得注意的是，3B 法則中的「打破」，也是人腦的另一項傑出能力。創造力的特質之一就是能夠分析事物，取下片段，作更靈活的利用。網路上的迷因，經常以碎片的形式存在，它脫離了原本的脈絡或母體，反而更有生命力。

　　這本書的另一個亮點，是在說明創新的驅力與疆界。創新的驅力經常來自我們對於預測錯誤（prediction error）的興趣。以音樂節奏為例，像鐘錶滴答聲一樣規律的節奏，可以完全預測，因此我們很快就會覺得無聊；另一方面，毫無規則的

雜亂聲響，讓我們無法預測，而且根本懶得理它。真正動聽的音樂節奏，常常是散布在上述兩個極端之間，我們能夠掌握它的律動，但節奏中又有些聲音，稍微超前或落後拍點出現，導致令人驚喜的預測錯誤。

　　創新是否有疆界？本書在最後給出非常實用的答案：創新者固然要學著跟現實社會衝撞或協商，現實社會自己也要有所反省跟改變，而改變的契機就是藝術。無論是學校或企業，都應該注重藝術的創新過程，而非侷限於美感經驗、實用價值、身分象徵。這是本書帶給我的最大啟示。

推薦的話

　　創造力永不止息，不管藝術創作或是組織經營，皆是從「變」與「不變」間激起創意與變革，進而有所突破！本書提供大量真實示例，以淺顯易懂的的方式說明「創造力」的養成與實踐，理性、感性兼具，值得一讀，推薦給大家！

朱宗慶（朱宗慶打擊樂團創辦人暨藝術總監）

CONTENTS
目　錄

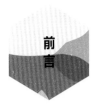

NASA 和畢卡索
有什麼共同點？

　　好幾百個人擠在休士頓的控制中心，想要拯救三個被困在外太空的人類。那是1970年，阿波羅十三號（Apollo 13）的登月任務進入第二天，氧氣罐爆炸，碎片殘骸噴入太空，太空船陷入癱瘓，船上太空人傑克・斯威格特（Jack Swigert）用軍人輕描淡寫的口吻向控制中心發話：「休士頓，我們有麻煩了。（Huston, we've had a problem.）」

　　太空人遠在地球以外二十萬英里處，燃料、水、電力、空氣正一點一滴耗盡，找到解決方法的可能性近乎零，但是休士頓控制中心的指揮官吉恩・克蘭茲（Gene Kranz）並沒有因此慢下腳步，他對著聚集一堂的工作人員宣布：

　　　「你們走出這裡的時候，心裡一定要相信船上人員會安
　　　全返家，我才不鳥什麼機率問題、什麼以前沒碰過這種事等

等，你們一定要相信，你們手下的人也一定要相信，船上所有人員都會安全回家。[1]」

控制中心的工程師如何實現承諾讓太空人安全回家呢？他們原本已把事前演練做到一分不差，阿波羅十三號何時抵達月球軌道、登月小艇何時出動、太空人在月球表面漫步多久等等，如今卻得把那套劇本丟進碎紙機，打掉重練；此外，他們也準備了幾個中止任務的腳本，但前提是太空船的主要艙體完好無缺、登月小艇也可拋棄[2]。可惜現在情況完全相反，服務艙已經毀壞，指揮艙氣體外洩、動力漸失，只剩下登月小艇還能正常運作，NASA事先模擬了多種可能的故障情況，但卻不包括這個。

工程師們很清楚，他們面對的是一個幾乎不可能的任務：解救三個關在密閉金屬太空艙、正以時速三千英里飛馳於無垠真空的人，而且三人的維生系統正在消逝中。先進的衛星通訊系統和桌上型電腦還要幾十年才問世，手上只有計算尺和鉛筆的工程師們，必須想出辦法拋棄指揮艙，將登月小艇變成返家救生艇。

工程師們一個一個問題開始解決：規劃返回地球的路徑、引導太空船、節省電力。但是情況仍持續惡化。危機進入36小時，在太空人狹小的棲身之所，二氧化碳濃度攀升到危險等級，如果不想辦法解決，太空人不到幾個小時就會窒息而死。登月小艇雖然有過濾二氧化碳的系統，但是圓筒狀的空氣濾清

罐全部用完了，唯一的選擇是去棄守的指揮艙撈出未使用的過濾罐，但是那些過濾罐是方形，要怎麼放進圓形的洞裡？

控制中心的工程師利用船上可取得的物件，包括一個塑膠袋、一隻短襪、幾片硬紙板、壓力衣的一條管子，用布膠帶黏貼拼湊出一個轉接頭。他們要太空人把飛行計畫文件匣的塑膠封套拆下，充做漏斗，用來將空氣導入過濾罐。他們還要太空人從塑膠包裝袋裡取出保暖內衣（這內衣原本是等到在月球落地彈跳時穿在太空裝底下的），照著地面控制中心接力傳來的指示，太空人丟掉保暖內衣，留下塑膠袋，一件一件組裝出一個臨時的過濾裝置，並且順利安裝完成。

二氧化碳濃度終於降回正常，每個人都鬆了一口氣，但是其他問題馬上接踵而來。眼看阿波羅十三號就快要重返大氣層，指揮艙的電力卻越來越低。當初設計這艘太空船的時候，沒有人想到指揮艙的電池會需要透過登月小艇來充電——原本應該是反過來才對。在咖啡和腎上腺素的刺激之下，控制中心的工程師想出一個方法，利用登月小艇的加熱電纜來充電，及時趕在太空船進入大氣層之前完成充電。

電池一充好，工程師立刻指示太空人傑克・斯威格特點燃發動指揮艙。於是，他接上電纜、切換變流器、調整天線、切換開關、啟動遙測裝置——這套啟動程序完全超乎他所受的訓練和想像。面對事前完全沒料到的問題，工程師們臨時設計出一套全新的程序。

1970年4月17日，天將破曉（危機進入第80小時），太空人準備做最後的降落，控制中心則在執行最後的檢查。一旦太空人進入地球大氣層，太空船的無線電就會暫時斷訊。克蘭茲描述道：

「這時一切已不可逆……整個控制中心鴉雀無聲，只有電子設備的嗡嗡聲、空調的唧唧聲，還有Zippo打火機偶爾『啪』的開啟聲……沒有人在走動，彷彿每個人都被拴在控制台似的。」

一分半鐘之後，控制中心收到：阿波羅十三號平安。

全場爆出歡呼聲，向來喜怒不形於色的克蘭茲也忍不住爆淚。

<hr />

63年前，巴黎一間小畫室裡，一個名叫巴布羅・畢卡索（Pablo Picasso）的年輕畫家架好畫架。一向身無分文的他，用一筆意外之財買了一大張畫布，開始進行一個極具挑釁意味的創作計畫：描繪妓院裡的妓女，赤裸裸直視性的邪惡。

畢卡索先用炭筆勾勒出頭、身體、水果的草稿。最初幾個版本裡，有一個水手和一個醫學院男學生入畫，最後他決定把男性拿掉，單純以五個女子為主角。他嘗試了幾種不同的姿態和排列，大多劃掉不用。畫了幾百張草稿之後，他開始在整幅畫布上作畫，中間曾經邀請情婦和幾位友人來看半成品，眾人的

反應令他沮喪到了擱置畫筆，但是，幾個月後又重拾畫筆，暗中進行。

畢卡索把這幅妓女肖像畫視為「驅魔（exorcism）」之作，驅出他過去畫風裡頭的惡魔，他投入於這幅畫的時間越多，距離以前的作品就越遠。他第二度邀人來鑑賞時，得到的反應更加不友善。他向最忠實的贊助人提議要把畫作賣給對方，對方聽了只是哈哈大笑[3]。朋友紛紛走避，害怕他理智已失，氣餒的他只好捲起畫布，束之高閣。

畢卡索等了九年才公開畫作。在第一次世界大戰的烽火中，這幅畫終於公開展出。策展人擔心觸怒大眾品味，於是將作品名稱從《亞維農妓院》（*Le Bordel d'Avignon*）改成比較良善的《亞維農少女》（*Les Demoiselles d'Avignon*）。各界反應褒貶不一，其中一位評論家的評語很犀利：「等不及戰爭結束，立體派畫家就迫不及待重新搬出他們對常理的敵意……」[4]

但是這幅畫作的影響力漸長。幾十年後在紐約現代美術館（Museum of Modern Art）展出時，《紐約時報》（*New York Times*）藝評家寫道：

> 「很少畫作的影響力能及得上這五個歪曲的裸體人像。這幅畫一舉挑戰了過去的藝術，也改變了我們這個時代的藝術，勢不可擋。」[5]

藝術史學家約翰·理查森（John Richardson）後來提到《亞維農少女》是七百年來最具原創性的畫作，他說：

「這幅畫作讓世人得以用新的眼光、新的心態、新的意識來看待事物⋯⋯，毫無疑問它是二十世紀第一個傑作，是引爆現代運動的最重要力量，是二十世紀藝術的基石。」[6]

畢卡索的畫作為何如此具有原創性？他改變了歐洲畫家堅守幾百年的目標：假裝忠於真實。在畢卡索的畫筆下，四肢看似扭曲，其中兩位女子的臉龐彷彿戴了面具，五個人像似乎各以不同的風格繪成。在這幅畫裡，凡夫俗子已不全然是人，畢卡索一舉打破了西方對於美麗、端莊、表象真實的概念，《亞維農少女》是對藝術傳統最猛烈的衝擊之一。

NASA指揮中心及畢卡索的妓女們

以上兩則故事有什麼共同點？乍看之下並沒有。拯救阿波羅十三號是靠通力合作，畢卡索則是一人獨自作畫；NASA工程師是在跟時間賽跑，畢卡索則是花了好幾個月才把構想呈現於

畫布上，又隔了將近10年才公開示眾；工程師並不是在追求原創，找出實用的解決方法才是他們的目標，而「實用」卻是畢卡索最不在乎的一件事，他的目標是創造前所未有的作品。

然而，在NASA和畢卡索饒富創意的作為背後，有一套相同的認知模式，而且不只工程師和藝術家如此，髮型設計師、會計師、建築師、農夫、鱗翅類昆蟲學家或其他任何人，只要是做出前所未有創建的人，都是如此。當他們打破常規、做出創新時，那是他們大腦裡的基本軟體運作的結果。人腦並不像錄音機只是被動接收經驗，而是不斷處理它所接收的感官資料，這種腦力勞動的結果就會產生全新的視野。大腦裡的基本認知軟體（這套軟體會吸收四周環境，然後再自行產生新版本），造就出我們的今日：街燈、國家、交響樂、法律、十四行詩、義肢、智慧手機、吊扇、摩天高樓、船隻、風箏、筆電、番茄醬、自動駕駛車輛；同時，也造就出明日：能自己修復的混凝土、可搬移的建築物、碳纖維小提琴、可生物分解的汽車、奈米太空船以及對未來的長期改造等等。不過，就如同在筆電的電路系統默默運作的龐大電腦程式一樣，我們的創造力也是在背後默默運作，在我們的知覺之外。

人腦的這個演算法有個特殊之處。我們人類也屬於動物大家族的一支，但是為什麼牛不會編舞？為什麼松鼠不會設計電梯而要辛苦爬樹？為什麼鱷魚不會造快艇？答案是：人腦裡的演算法有個革命性的改進，讓我們得以吸收外在世界，然後產生

「要是變成這樣會怎樣？」（*what-if*）的想像。這本書的重點就在講述這套創造力軟體，探討它是如何運作、為什麼我們有這樣的軟體、我們創造了什麼、這套軟體會把我們帶向何方。本書會告訴你，人類這股違反自身預期的慾望是如何造就出不可遏止的創造力。從壁毯藝術、科學、技術，我們可以一窺這股橫跨各學科的創新脈絡。

　　創造力是人類過去幾百年的重要動力，也將是人類未來前進的基石。不論是日常活動、學校、公司，我們都是手挽著手共同邁進一個不斷重塑世界的未來。最近幾十年，這個世界從「製造業經濟」（manufacturing economy）轉變為「資訊經濟」（information economy），但是並沒有就此打住。隨著電腦越來越有辦法消化龐大數據，人們得以有餘裕去做其他工作，「創造力經濟」於是初露雛形，合成生物學家（synthetic biologist）、app開發人員、自動駕駛車款設計師、量子電腦（quantum computer）設計師、軟體工程師……，這些工作在我們念書的時代還不存在，現在卻是引領未來的先鋒部隊，10年後你拿著咖啡踏進公司所做的工作，可能跟現在所做的工作大不相同。基於以上原因，各大企業董事會無不爭先恐後，急欲知道如何跟上腳步，因為經營一家公司所需的技術和過程不斷在改變。

　　要面對這些不斷加速的變化，唯有仰賴我們大腦的認知彈性（cognitive flexibility）：人類有能力從經驗中吸納原料，然

後加以處理，形成新的東西。由於我們有能力超越所學到的事實，所以，我們在張開眼睛觀察周遭世界的同時，會想像其他可能的世界樣貌。我們學習現有的事實並產生想像；我們精通了解現有事物，然後想像「要是變成這樣會怎樣」。

要在不斷變化的世界持盈保泰，我們必須先了解大腦在進行創新時的運作情況。先把那些觸發新點子的工具和要素挖掘出來，才能把目光放在未來數十年，而不是過去數十年。

創造力的傳授並沒有展現在學校教育裡。創造力原是驅動少年人去探索和表現的動力，卻在講求「熟練」（這是比較容易衡量、測驗的技能）的教育環境裡遭到扼殺，這種「創造力學習被邊緣化」的現象，或許正反映出整個社會的趨勢。老師通常偏愛守規矩的學生勝過有創造力的學生，後者往往被視為惹事搗蛋。最近有一項調查發現，多數美國人對小孩的期待是：敬老尊賢勝過獨立自主、謙恭有禮勝過好奇求知、守規矩勝過有創造力[7]。

如果希望小孩有光明未來，就必須重新調整我們的期待順序。依照世界變化的速度，舊有的生存工作準則勢必會遭到淘汰，讓小孩有能力自創準則就成為必要。NASA工程師和畢卡索大腦裡的認知軟體，也存在於少年人的大腦，但是需要培養。技能和想像力兼顧的教育才是均衡不偏頗，幾十年後學子把學士帽拋向空中、踏入父母無法預見的世界時，就是這種均衡教育歡呼收割的時刻。

兩位作者中，安東尼（Anothony）是一位作曲家，大衛（David）是神經科學家，我們是多年好友。幾年前，安東尼以大衛所寫的《*The Founding Mothers*》（這個故事回溯母親一系的歷史）為藍本，創作了清唱劇《*Maternity*》，此次合作開啟了兩人針對創造力的持續對話，各自從自身角度展開研究。數千年來，藝術提供了一個直接的管道，讓我們得以探究內心，也讓我們不只窺知我們的**想法**，也窺探想法**如何**形成的過程。人類歷史上，每一個文化都有自己的音樂、視覺美術和敘事。同時，大腦科學近幾十年已有大躍進，對於人類行為背後所潛藏的驅動力量已有所了解，開始明白我們看事情的角度會對創造力形成一種加乘視角，而這就是本書的重點。

　　本書會對人類社會的發明做個快速研究，就像古生物學家翻找化石紀錄一樣；再結合最新的大腦研究，我們將挖掘出大腦這個不可或缺的器官的許多面向。第一部會介紹我們對創造力的需求、新點子是如何想出的、創新如何受到身處時地的形塑；第二部會探討有創造力的腦袋具備哪些重要特徵，包括增生的選擇和容忍的危機等等；第三部則轉向企業和教室，探討如何為未來培育創造力，接著是探究有創造力的腦袋、表揚人類精神，以及如何重新塑造世界的觀點。

第一部

太陽底下的
新鮮事

第
一
章

創新是人之所趨

為什麼我們永遠找不到完美樣式？

創新是人類的必然，只要看看你我身邊人的頂上髮型即可明
白一二。

這種不斷改造的現象，在人類創造的各種工藝品上清晰可見，從腳踏車到運動館都是如此。

　　於是問題就來了：為什麼髮型、腳踏車、運動館要不斷改變？為什麼不找出一個最完美的樣式，然後沿用就好？

　　答案是：創新永遠不會休止。創新並不是追尋對的事物，而是尋找下一個。趨向未來是人類的本能，永無休止，只是，人類大腦為何如此不安分？

我們很快就習以為常

不論何時，地表上空數千英里總有約莫百萬人斜躺進舒適座椅，這是商務飛行的成就。依稀才不久前，空中旅行還是一種稀罕且難以想像的冒險，如今卻已很難引起側目。我們像夢遊一般排隊登機，只有在機上的美食、躺椅、電影不如預期時才會突然醒過來。

在一次常態性節目上，諧星路易C.K.（Louis C.K.）大為驚訝遊客已不再讚嘆商務飛行的神奇。他先是模仿一個發牢騷的乘客：「然後我們上了飛機，他們要我們就這樣坐在走道上，足足坐了四十分鐘！只能呆坐，什麼都不能做。」路易回應那位乘客：「哦？是喔？然後呢？難道你沒有像鳥兒一樣，很不可思議地飛越天空？難道你沒有參與這場你沒有一丁點貢獻的人類飛行奇蹟？」接著他把砲火轉向抱怨誤點的人：「誤點？是喔？從紐約到加州花了5個小時？這在以前可是要花30年咧，而且你還可能死在半路上。」路易回憶 2009 年他第一次在飛機上使用wifi的經驗，wifi上網的概念剛問世：「我坐在飛機上，然後機上廣播說『打開筆電就可以上網』。上網速度很快，我在看YouTube影片，感覺太不可思議，我可是在飛機上呢！」可是過了一會兒，wifi連不上了，坐在路易隔壁的乘客生氣了，大聲嚷嚷：「什麼上網都是唬爛！」路易說：「我的意思是，明明是十秒鐘前才知道有的東西，怎麼這麼快就變成

是這個世界本來就該給他的？」

有多快？非常快！「新」很快就演化成「常態」。看看現在智慧型手機是多麼不足為奇就知道了──可是，我們明明不久前還帶著口袋裡叮噹作響的銅板到處找電話亭，急著聯絡協調見面地點，因為計畫有所閃失而急著補救。智慧型手機明明顛覆了我們的溝通方式，卻一下子就變成了相當基本、普遍、視而不見的工具。

最新科技的光芒很快就褪色，同樣的現象也發生在藝術上。20世紀藝術家馬歇爾・杜象（Marcel Duchamp）寫過：

> 「50年後必然會有另一個世代和另一個關鍵語言，會有一種全然不同的方式。不，你只能畫出存活於你自己年代的畫作，沒有任何畫作可以活躍30年或40年以上……，3、40年之後畫作就死了，失去它的氣息、光輝，隨便你怎麼形容，然後不是被遺忘就是落入藝術史的煉獄。」[1]

隨著時間消逝，即使是曾經驚豔四方的偉大作品，也會落入被認可與被遺忘之間。前衛變成新常態，尖端變成不算鋒利。

這種「由新潮變成常態」的現象，就連企業最縝密的計畫也不例外。每隔幾年，企業就會花大錢請顧問來指導公司改變現行做法──譬如將開放式的辦公空間隔成一個個單人隔間──本書後面會提到，沒有哪個答案是正確的，**改變**才是重點。並不是顧問有錯，而是他們的建議內容並不是重點，採用哪個解決方法永遠不是重點，「變化」才是。

人類為什麼這麼快就對周遭事物習以為常？因為人腦有一種所謂的「**抑制重複**」（repetition suppression）機制。人腦在習慣某個事物的過程中，每看一次所產生的反應會越來越小。舉個例子，假設你看到一個新物體（譬如一輛自動駕駛的車子），第一次看到的時候，大腦會出現很大的反應，那是大腦在吸收新事物並加以消化，第二次再看，大腦反應會稍微減弱，不再那麼在乎，因為那個事物已經不算新奇，等到第三次反應更小了，第四次又更小。

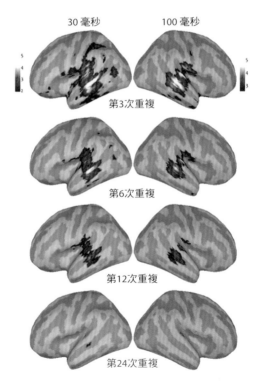

在不同時間點，130毫秒（左側）和100毫秒（右側）時，N1m腦磁波元素的腦磁圖（MEG）。位於聽覺中心的神經活動顯示，當同樣的刺激重複發生（3, 6, 12, 和24次）時，會有抑制的現象。

正發生中的重覆抑制作用
（Repetition suppression in action）²

對於越熟悉的事物，人腦所耗費的神經能量就越少，這也是為什麼，第一次開車到新公司會感覺很久，第二天會覺得路程短一點，一陣子過後，開車上班就成了一眨眼的事。當這個世界變得越熟悉，就越不在你的視線範圍內，原本緊盯的眼前景象逐漸退為視而不見的背景。

為什麼我們會這樣？因為人類的生死是取決於體內所積累的能量，而探索世界是一件很辛苦的工作，需要到處移動，需要動用大量腦力（這是一件很耗費能量的事），如果能做出正確預測就能節省能量。如果你知道哪幾種石頭下面可以找到可食用的蟲，你就不必把**所有**石頭一一**翻開**，也就是說，預測得越準確，消耗的能量就越少，而「重複」可以讓我們對自己的預測更有信心，行動也更有效率。

也就是說，「可預測性」（predictability）有其吸引人之處（也有用處）。但是，如果大腦要花這麼多的工夫來把世界變成可預測性，那就產生了一個問題：如果我們這麼喜歡可預測性，何不乾脆把電視換成二十四小時規律發出嗶嗶聲的機器？不是要可預測嗎？

答案是：那就少了意外的驚喜。我們越了解某件事物，就越不會花精力去思考它。熟悉衍生無感；重複抑制開始啟動，

我們所投注的關注會減少。這就是為什麼婚姻需要不斷重新點火；這就是為什麼同樣的笑話只會笑幾次；這就是為什麼，不管再怎麼喜歡看美國職棒世界大賽，同一場球賽一看再看還是會膩。可預測性雖然可以讓人安心，但是大腦仍會拚命想把新學到的事實納入它自己建構的世界模型中。大腦永遠在追求新奇，每更新一次就興奮一次。

由於人類的神經機制之故，好點子不長命。看看1945年以來的暢銷書名單就可略知一二：

1. 《永遠的琥珀》（*Forever Amber*），作者：Kathleen Winsor
2. 《聖袍千秋》（*The Robe*），作者：Lloyd C. Douglas
3. 《黑玫瑰》（*The Black Rose*），作者：Thomas B. Costain
4. 《白色岩塔》（*The White Tower*），作者：James Ramsey Ullman
5. 《海棠春怨》（*Cass Timberlane*），作者：Sinclair Lewis
6. 《街上有獅子》（*A Lion Is in the Streets*），作者：Adria Locke Langley
7. 《縈繞心頭》（*So Well Remembered*），作者：James Hilton
8. 《卡斯提亞船長》（*Captain from Castile*），作者：Samuel Shellabarger
9. 《塵世與天堂》（*Earth and High Heaven*），作者：Gwethalyn Graham
10. 《不死之妻》（*Immortal Wife*），作者：Irving Stone

這些都是曾經擄獲大眾想像力的書籍，但是你很可能連一本都沒聽過。想當年，這些可都是人人耳熟能詳的名著，只要作者本人現身就能讓晚宴增色不少，簽下無數親筆簽名書的他們，想必很難想像這些書有朝一日會完全被遺忘。

我們不斷渴求「新」。電影《今天暫時停止》（*Groundhog Day*）裡面，比爾‧莫瑞（Bill Murray）飾演的氣象員被迫一再「重過」某一天，面對看似永無止盡的循環，他最後終於開始反抗，拒絕再用同樣方式重複那一天，他學習法文、變成鋼琴大師、跟鄰居成為朋友、濟弱扶傾。

為什麼我們會替他加油？因為就算「重複」有吸引力，我們也不希望凡事皆可預測，「意外」才能吸引我們的興趣，才能讓我們逃離自動駕駛模式，讓我們保持清醒去體驗周遭。事實上，跟「獎賞」（reward）有關的神經傳導物質與「意外」的程度息息相關：在規律、可預測的時間點所傳導的獎賞，所引起的大腦波動遠遠比不上隨機、不可預測的時間點所傳導的獎賞。「意外」才能帶來滿足。

於是造就出你現在看到的搞笑模式：絕對不是兩人一組走進酒吧，一定是三人一組。為什麼？因為第一個人負責布局，第二個人建立模式，然後第三個人以出乎大腦預期的方式將模式打破。換句話說，違反預期可以製造幽默。如果把笑話說給機器人聽，它只會依序聽三個人說話，但是不懂哪裡好笑，笑話之所以好笑，是因為人腦老是想要預測，這時只要出其不意打

亂人腦的預測，就會成為笑點。[3]

從事廣告的人很清楚，要吸引我們的注意力，必須持續端出創意。他們做的廣告的確能把受眾推向某個品牌的洗衣粉、洋芋片或香水，但是一旦廣告不再新鮮，我們就會自動略過，他們的影響力就喪失了。

「避免重複」是人類文化的源頭。大家常說「歷史會重演」，但是這句話並不完全正確，就像馬克·吐溫（Mark Twain）說的，歷史頂多有相似之處，會在不同時間嘗試相似的事物，但是細節並不相同。世間萬物都是逐漸演化來的，創新是必要的，人類不能沒有新奇。

所以就得不斷求取平衡。大腦一方面要預測外在世界來節省能量，一方面又要尋求意外所帶來的快感。我們不想要活在一成不變的無限迴圈裡，但又不想時時刻刻受到意外驚嚇；你不想明天醒來發現又卡在同一天，但也不想醒來發現地心引力上下顛倒，你黏在天花板上。我們不斷在「利用已知」和「探索未知」之間取捨。

平衡取捨

人腦不斷在「利用已知知識」和「探索新可能性」之間求取平衡。這樣的取捨往往很困難[4]。假設你需要決定上哪家餐廳吃午餐，是去你習慣的愛店，還是嘗試新店家？如果是前者，

就是利用過往經驗已經取得的知識；如果是後者，就是探索未嘗試過的選項。

在動物界，生物都會將平衡點設在「利用已知知識」和「探索新可能性」的中間某處。如果經驗告訴你紅色石頭底下有樹根可以挖來吃，藍色石頭底下沒有，你需要利用這個知識。但是有一天，你發現紅色石頭底下的樹根不在那裡了，可能因為乾旱、火災而消失，或被其他找食物的動物捷足先登了。世界的規則很少永恆不變，因此，動物需要用既有的知識（**紅石頭有樹根**），和試圖做出新發現（**我在想，藍色石頭下面有什麼？**）之間取得平衡。這就是為什麼動物會花大部分時間檢查紅石頭下面，但不會用掉全部時間。牠會花一些時間檢查藍石頭下面，即使過去牠已經檢查過好幾次了，都沒有找到樹根。牠會持續探索。牠也會花一點時間檢查黃色石頭的下面、樹幹、河裡，因為牠永遠不知道下一餐會在哪裡出現。所有動物都會在辛苦得來的知識和新的探索之間取得平衡。

萬古以來，腦部已經取得探索和利用之間、彈性與嚴謹之間的平衡。我們希望世界可以預期，但不是一成不變，因此髮型一直在變，腳踏車、運動場、字型、文學、時尚、電影、廚房或汽車也一直在變。我們新的創造可能大致像之前的產物，但是有了一點變化。一成不變讓我們失去興趣，太多驚訝則讓我們變得困惑。在接下來的章節裡，我們會看到，創意就活在二者之間的張力裡。

探索與利用的交換也解釋了我們的世界為何充滿了仿製品：模仿之前已經存在的設計。例如iPad上市的時候，裡面有一個看起來像是「木製」的書架，上面有「書」。程式設計師費了很多心力，當你滑過手指的時候，「書頁」會翻頁。為什麼不為數位時代重新定義「書」是什麼樣子的呢？因為顧客會不舒服。他們需要和過去有所連結。

　　即使科技日新月異，我們還是要跟過去有所連結，明顯呈現從過去到現在的演進道路。蘋果手錶上面，「數位皇冠」看起來就像時鐘上移動指針、上緊發條的旋鈕。在《紐約客》（*New Yorker*）的訪談中，設計師強納森・伊夫（Jonathan Ive）說，他刻意把旋鈕放在離開中央一點點的位置，讓它看起來「有點奇怪又熟悉」。如果他把旋鈕放在中間，使用者會期待它執行原有的功能。如果他不放旋鈕，手錶看起來不會像一支錶[5]。仿製就是在熟悉的物品裡注入新意。

智慧型手機中充滿仿製的設計。打電話時，我們觸碰一個老舊電話的圖案，手持的部份兩端突出，一邊用來聽，一邊用來說話──長久以來，這種舊式電話早就沒有人用了。即使數位相機沒有快門裝置，智慧型手機裡的相機還是有快門的聲音。刪除檔案或程式時，會把它們拉進「垃圾桶」。保存檔案時，會按一個方形磁碟──這種東西早已像古代乳齒象一樣滅絕多年了。網路購物時，我們會把商品放進「購物車」裡。這些連結創造了從過去到現在的滑順轉化，即使是最現代的科技也充滿和過去的臍帶連結。

探索與利用的交換並不限於人類，一代又一代的松鼠也會在不同的樹叢中尋找食物，但是人類已經用科技征服了全世界。所以，人類的大腦有些東西是十分獨特的。那到底是什麼呢？

為何殭屍沒有婚禮和成年禮？

如果你和殭屍坐下來一起進餐，你不會期待他有創意。僵屍的行為是自動化的：他們只是執行既定的行為指令。這也是為什麼殭屍不會溜滑板、寫回憶錄、發射太空船去月球或是改變髮型。

雖然殭屍是虛構的想像，但是讓我們看到大自然世界的一個重要現象：動物大部分時間採取自動化行為。想一想蜜蜂吧──每次的同樣刺激都會導致同樣的反應，讓蜜蜂可以做出選擇、

執行任務—落在藍色的花上面、落在黃色的花上面、攻擊、飛走。蜜蜂為何不用創意思考呢？因為牠的神經元是固定的，將進來的訊息傳遞給輸出的訊息，就像消防員將水桶一個挨一個的傳遞下去[6]。蜜蜂出生前，這些傳遞的神經鏈就已經形成了：化學訊息決定了神經元的路線，然後建構了腦中不同區域的不同功能，例如動作、聽覺、視覺、嗅覺等等。即使在探索新的疆域，蜜蜂也大致遵守自動駕駛的模式。你無法跟蜜蜂講道理，就像你無法跟殭屍講道理一樣。牠們是生物機器，經過幾百萬年的演化形成牠們的思考模式。

我們體內也很像蜜蜂：同樣的神經構造讓我們擁有大量的本能行為，從走路、咀嚼、躲避和消化都是。即使學了新技巧，我們還是會很快地把它變成一種習慣。當我們學會騎腳踏車、開車、用湯匙或打字時，我們在神經迴路中把這些任務變成快速道路[7]。最快的迴路會成為我們比較喜歡的流暢迴路，盡量減少腦部犯錯的可能。執行任務時，用不到的神經元將不再受到激化。

如果故事到此為止，現有的人類生態系統就不會存在了：我們不會有十四行詩、直升機、跳跳桿（pogo sticks）、爵士樂、墨西哥餅店、旗幟、萬花筒、彩紙或調酒了。所以，蜜蜂的腦子和我們的腦子有何不同？蜜蜂的腦子有一百萬個神經元，人類腦子有一千億個神經元，可以儲存更多行為模式。我們還有另一個優勢：神經元不但數量龐大，組織也很特別。尤

其是，我們有更多腦細胞用來感知（**外面有什麼？**）和行動（**我要這樣做**），讓我們觀察一個狀況、沉澱、思考有何選擇，如有必要則採取行動。我們的生活大部分都發生在感知和行動之間的神經世界。所以我們可以反思、發明。

人類大腦皮層大量延伸，拓展了古早由化學訊息控制的神經叢，讓這些區域可以形成更有彈性的連結。人類擁有這麼多「沒有固定任務」的神經元，於是有了其他物種沒有的心智彈性，使我們有能力思考已過。

思考（與自動化相反）行為牽涉到想法和預見的能力：了解一首詩、和朋友進行困難的對話、找出問題的新解法。這種思考涉及為創新點子尋找到新的路徑。神經之間的對話不再是或開或關的反應，而是像國會裡的辯論[8]。每個神經元都參與討論，然後產生共識。當神經元之間出現共識時，這個想法就會在意識中冒出來。我們覺得像是突然明白了什麼，其實已然經過了廣泛的內在辯論。最重要的是，下一次碰到相同問題時，答案卻可能不同。我們不會期待蜜蜂跟女王蜂說天方夜譚（*A Thousand and One Nights*）的故事。取而代之的是，蜜蜂的每個夜晚都是一成不變，因為蜜蜂的腦子每次都會追隨同樣的路徑。感謝我們即興式的神經結構，我們可以編織故事，可以重新修改我們身邊的一切。

人類活在自動化行為（習慣）和思考過的行為（打敗習慣）之間的競爭中。腦子要為了效率而讓神經網路滑順自動，還是

要為了彈性讓神經網路分岔呢？我們需要可以做到二者兼具。自動化的行為讓我們成為專家：雕刻家雕刻、建築家做房屋模型、科學家做實驗的時候，熟練的手腳幫助新的事物得以發生。如果我們無法將新的想法有效地執行出來，想法就很難成真。但是，自動化的行為無法創新；思考過的行為才能讓我們創造新事物。這就是創造力的神經基礎。正如亞瑟・柯斯特勒（Arthur Koestler）說的：「創造力是用獨創性打破習慣。」（Creativity is the breaking of habits through originality.）或像發明家查爾斯・克特林（Charles Kettering）說的：「把車子開下35號公路吧。」（Get off Route 35.）

模擬未來

在輸入刺激和輸出行為之間有這麼多的腦細胞，使得人類存有巨大的創造力，讓我們可以超越眼前現實，考慮各種可能性。這是人腦魔法最大的部分：我們不斷地模擬各種可能。

事實上，這就是聰明腦子的重要功能之一：模擬可能的未來[9]。我應該點頭同意，或告訴老闆這是個笨主意呢？紀念日的時候，要如何讓我的伴侶驚喜呢？我今晚要吃中國菜、義大利菜或墨西哥菜呢？如果我得到這份工作，我要住在峽谷區的透天厝，還是城市裡的公寓呢？我們無法為了理解後果而測試每一個預想行為，所以我們會先在內在進行模擬。所有劇本模擬只有

其中一個發生——或者都不發生——讓我們準備好面對不同抉擇，未來就更能做出彈性的回應。這個敏感度標誌著我們成為有認知的現代人類的重大變化。我們擅長創造不同的現實，將現有一切轉化為各種可能性。

生命前期我們就開始模擬未來：玩扮家家酒以及角色扮演的遊戲是人類發展的普世現象[10]。孩子的腦子充滿了各種對未來的幻想，成為總統、在去火星的旅程中冬眠、救火時英勇地翻滾。角色扮演遊戲讓孩子看到新的可能性，從周遭環境獲得了知識。

長大以後，每一次考慮不同的選擇，或是心想如果選擇了另一條路會怎麼樣的時候，就是在模擬未來。每當我們買房子、選大學、考慮對象、投資股票市場時，我們接受大部分的想法可能是錯誤的，或是永遠不會發生。等著孩子降生的父母會問：「寶寶是男孩還是女孩呢？」他們還不確定，卻已經開始討論名字、衣服、房間佈置和玩具了。企鵝、馬、無尾熊、長頸鹿每次只生一個寶寶，但是都不會像人類一樣一直思考這種問題。

思考各種可能性早已深深根植在我們的日常生活中，因此很容易忽視了這是非常需要想像力的事情。我們不斷猜測會怎麼樣，語言讓我們得以告訴別人我們的模擬猜測[11]。如果你來派對同歡，你將會很愉快。如果你當初接受了這個工作，現在就發財了，但是可能很不快樂。如果球隊經理交換投手，球隊就

會贏得比賽。「希望」是一種有創意的猜測：我們根據我們想要的樣子去想像世界，而不是根據實相。我們一生不知不覺地花了很大一部分的生命在做假設[12]。

模擬未來可以帶來安全：我們在實際執行之前，先在腦子裡測試行動。哲學家卡爾‧波普爾（Karl Popper）說，我們模擬未來可能性的能力「讓我們的假設代替我們而死。」我們進行模擬（**如果我掉下懸崖會怎麼樣？**），據以調整未來行為（**往後退一步**）。

但是，模擬未來不僅僅是讓我們得以存活而已，我們也用這些心智工具讓不存在的世界現身。這些不存在的現實是一大片疆土，我們的想像力在此結果豐收。「如果」讓愛因斯坦想像自己身處外太空的電梯裡，理解時間。「如果」帶著喬納森‧斯威夫特（Jonathan Swift）去了巨人國和小人國。「如果」讓菲利普‧狄克（Philip K. Dick）想像出納粹贏了第二次世界大戰。「如果」帶著莎士比亞（Shakespeare）進入凱薩大帝（Julius Caesar）的腦子裡。「如果」將阿爾弗雷德‧衛格納（Alfred Wegener）帶到遠古時代，各洲土地還連在一起的時候。「如果」讓達爾文（Darwin）看到了物種源始。模擬的才華鋪設出嶄新的道路，讓我們到處旅行。商業大亨理查‧布蘭森（Richard Branson）創立超過一百家公司，包括帶一般人到外太空的太空航空公司。他認為自己擅長創業的因素是什麼？他認為是想像未來可能性的能力。

還有一個住在你的大腦外面的因素會開啟創造力的引擎——別人的腦子。

創造力因為社交而增強

費茲傑羅（F. Scott Fitzgerald）和海明威（Ernest Hemingway）在巴黎時，兩人是年輕貧窮的朋友。年輕的羅伯特·勞森伯格（Robert Rauschenberg）二十多歲時曾和當時尚未出名的畫家塞·托姆布雷（Cy Twombly）與賈斯伯·瓊斯（Jasper Johns）談戀愛。二十歲的瑪麗·雪萊（Mary Shelley）和作家珀西·比希·雪萊（Percy Bysshe Shelley）與拜倫男爵（Lord Byron）共處一夏，寫出了《科學怪人》（*Frankenstein*）。為什麼創作者會吸引彼此呢？

大家有一個誤解，以為創作的藝術家在離群索居時表現最好。1972年論文〈孤獨藝術家的神話〉（The Myth of the Isolated Artist）裡，作者喬伊斯·奧茲（Joyce Carol Oates）說：「藝術家脫離一般社群只是一個神話……，藝術家完全正常，有社交功能，雖然浪漫的傳統觀念認為藝術家很古怪。」[13]

沒有人關心、沒有人注意、沒有人支持或鼓勵是創作者最糟糕的環境了。長期遠離同儕，一直獨自奮鬥的藝術家是神話人物。創作天生就是一種社交活動。

最能代表孤獨藝術家影像的就是荷蘭畫家梵谷（Vincent van Gogh）了。他活在藝術圈的陰影之下，一生只賣出幾幅畫。

但是仔細看他的生活，就可以看到他和同儕相處的跡象。他和許多年輕藝術家互相通信，討論藝術，點評其他藝術家的作品。當他的畫作第一次收到激賞評價時，他送給對方一棵柏樹作為謝禮。他和高更（Paul Gauguin）曾經計畫在熱帶地區建構一個藝術家社區。那麼，為什麼大家還是說梵谷是傑出的孤獨藝術家呢？因為這很適合他天才畫家的形象，可以構成一個很好的故事。這個故事其實只是神話。他既不是不適應社會，也不是獨自一人，他其實活躍地參與了他的時代[14]。

社會網絡不限於藝術家，也適用於各種創意發明的場域。威爾遜（E.O. Wilson）寫過：「在隱藏的實驗室獨自工作的偉大科學家並不存在。」[15]雖然很多科學家可能想要相信自己能夠天才般地獨自工作，但事實上，他們必須仰賴巨大的人際合作網路。即使是他們認為重要的問題也深受到廣大的創意社群所影響。牛頓（Isaac Newton）可能是當時最偉大的心智了，他也花了很多時間試著學習煉金術，因為在他那個年代煉金術非常流行。

我們是精良的社交生物。我們不停努力，給彼此驚喜。想像一下，每次朋友問你今天做了什麼，你的回答如果總是千篇一律，友誼可能無法長久。人類會努力讓對方驚喜、訝異，在關係中注入驚訝、不可置信的元素。我們天生會為彼此這麼做，我們也在彼此身上尋找驚喜。

還有，這也是為什麼電腦沒有創意的部份原因。你輸入什

麼，就得到什麼——電話號碼、文件、照片——存取檔案比我們的記憶還要好用。電腦的精準讓電腦無法了解笑話、撒嬌以便得到它要的東西、編導一部電影、發表TED演講（TED talk，總部設於美國的媒體組織，致力於「傳播可能性的思想」。藉由講者發表議題，並與聽眾互相激盪出新構想。台灣也曾舉辦過此演講）、寫出讓人熱淚盈眶的小說。如果要達到有創意的人工智慧，我們需要會探索的電腦形成一個**社群**，努力讓電腦彼此產生驚訝和深刻印象。電腦缺乏這樣的社交關係，所以電腦智慧才會如此機械化。

不要吃你的腦子

海鞘是一種行為怪異的小型軟體動物。牠在生命早期會游來游去，尋找自己可以附著的地方，例如藤壺。一旦附著之後，就開始吸收自己的腦子作為營養。為什麼？因為牠不再需要牠的腦子了。牠找到永久的家了。腦子讓牠辨識出適合居住的地方，並決定附著上去。現在大腦的任務完成，牠將腦子視為營養元素，吃完消化後再變成其他組織。海鞘教我們的是：腦子用來尋找、做決定。一旦動物定於一處，就不再需要腦子了。

即便是最喜歡窩在沙發上動也不動的人（couch potato），也不會想吃掉自己腦子，因為人類無法完全固著於某處。我們會一直忍不住改變固定的規律，讓創造力成為人類鐵律。我們

在藝術和科技中尋找驚喜，不只是想滿足期待。最後的結果就是我們的物種歷史充滿了狂野的想像力：我們建築精密的居住地、發展烹飪食譜、服裝時尚一再改變、用各種複雜的方式溝通、設計翅膀和輪子在居住地與居住地之間旅行。我們生活的每一件事物都是創造力的結果。

感謝我們對新事物的胃口，創新成為必要條件。不只有少數人從事創作，每個人大腦裡都有創造的驅力，對抗重複操作，造成巨大的改變，每一個世代都不同，每隔十年就有變化，年年不一樣。創新的驅力是我們的生物天性。我們建構了幾百個文化、幾百萬個新故事。我們讓自己身邊充滿從未出現過的新事物，而豬、羊駝和金魚則否。

但是，我們的新點子從何而來呢？

編按：部分前言和第一章乃由林錦慧女士翻譯

大腦改變已知

2007年1月9日，穿著牛仔褲和黑色高領衫的史蒂芬·賈伯斯（Steve Jobs）站在蘋果（MacWorld）的舞台上。「偶爾，革命性的產品出現了，改變了一切。」賈伯斯宣稱：「今天，蘋果要重新發明電話。」（Today, Apple is going to reinvent the phone.）即使外界經過多年猜測，iPhone仍然是一項出人意表的發表。沒有人看過任何類似的東西：一個手掌就可以握住的通信儀器、音樂播放器和個人電腦。媒體盛讚它是開路先鋒，幾乎充滿魔法。網路上的部落客稱之為「耶穌

電話」（Jesus phone）。iPhone的上市具有偉大創新的特質：無預期的出現、看似不知從何處冒出來的新意。

但是，除了「看似」之外，創新從來就不是憑空出現。它們是發明的家族樹上的一個新枝幹。研究科學家比爾·巴克斯敦（Bill Buxton）篩選收集了幾十年來的科技產品，足以呈現現代產品漫長的發明軌跡[1]。想想1984年的卡西歐（Casio）AT-550-7手錶：讓使用者用手指直接滑過錶面的觸碰螢幕。

10年後——iPhone橫空出世的13年前——IBM開始在手機上使用觸碰螢幕。

西蒙是世界上第一支智慧型手機（編註：Simon，是由IBM與Bellsouth公司1993年合作製作的首支智慧型手機）：使用觸控筆，有一堆基本應用程式，可以接收和寄送傳真與電子郵件，內建世界時鐘、筆記本、日曆，打字時還會預測正確用字。不幸的是，買的人很少。為什麼西蒙手機陣亡了？首先，電池只能用一小時；還有，當時手機的通訊費相當貴，而且手機缺乏應用程式的生態系統。正如卡西歐觸碰螢幕，西蒙手機也為iPhone留下了基因材料；而人們卻說這些傳承者是憑空出現。

西蒙手機上市4年後，迎來了

個人式的數位助理——Data Rover 840。用手寫筆控制3D的觸碰螢幕。聯絡名單可以儲存在記憶體裡，隨身攜帶。手機計算開始獲得注意。

巴克斯敦看著他的收藏，指出許多機器設備為電子工業鋪了路。1999年，Palm Vx上市，首度使用我們現在熟悉的薄型裝置。「就如同今日筆記型電腦所使用的超輕薄一詞，正是Palm Vx所製造出的詞彙，」巴克斯敦強調：「根源在哪裡？就在這裡。」[2]

一步一步地，根基逐漸打好了，最後終於出現了賈伯斯的「革命性」產品。畢竟，「耶穌手機」並不是來自處女生子。

賈伯斯宣布iPhone問世之後幾年，作家史蒂夫‧齊杭（Steve Cichon）買了一疊1991年舊的水牛城新聞報（*Buffalo News*）。他想看一看世界有些什麼改變。他在報紙上看到Radio Shack（編註：成立於1921年的美國零售商）的廣告。

齊杭有了一個頓悟：廣告上的每一項商品都被他口袋裡的iPhone取代了[3]。只不過是20年

前，購買者需要付3,054.82美元買所有的硬體設備，現在已經被一百多公克的裝置給取代了，花的錢和用的材料都更少[4]。這個廣告就是iPhone的家譜。

巴克斯敦指出，突破的技術不會憑空出現，而是發明家「從他們心目中的英雄身上尋找最佳點子」的結果。他將iPhone設計師強納森‧伊夫（Jonathan Ive）比作像是吉米‧亨德里克斯（Jimi Hendrix）這樣的音樂家，經常在他的樂曲中「引述」其他音樂家的樂句。巴克斯敦說：「如果你了解並且關注歷史，你會更欣賞亨德里克斯。」

科學歷史學家喬恩‧格特納（Jon Gertner）也說了類似的話：

> 我們通常會想像發明出現在靈感一瞬間，發明家猛然頓悟，達到驚人的天啟。事實上，科技突破很少有精準的發現時刻。一開始，發明前的種種動力開始匯合到一塊，潛移默化間，一群人的點子混合了起來，經過幾個月或幾年（甚至幾十年），終於越來越清楚，有了前進的動力，協助更多的點子出現，並能採取行動了。[5]

創造力就像鑽石，要將歷史壓縮起來，成為光亮的新形式。想想蘋果公司的另一項突破：**iPod**。

1970年代，盜版是唱片公司的重大議題。零售商可以退回賣不出去的唱片，拿到退款。許多人利用這一點，退回冒牌貨。曾經，奧莉薇亞‧紐頓強（Olivia Newton-John）的唱片《情慾

交織》（*Physical*）印製了200萬張，上了流行音樂榜排行，卻有300萬張遭到退貨。

為了阻止廣泛的詐欺，英國發明家肯・克拉瑪（Kane Kramer）想了一個點子。他發明將音樂數位化後經由電話線路傳輸到唱片行的方法，再根據訂單藉由店內機器將音樂輸出印製成唱片。但是他又想到，可能不需要用這麼笨重的機器。他捨棄當場印製唱片的想法，改為設計一個可以隨身攜帶的機器，播放數位化的音樂。他畫了一幅含有螢幕和按鈕、並可以隨身攜帶的數位音樂播放器 IXI 示意圖。

克拉瑪不但設計了播放器，還預見了販賣與分享數位音樂的嶄新方式，有無限的貨源卻不需要倉儲。保羅・麥卡尼（Paul McCartney）是他的首批投資者之一。只是克拉瑪的音樂播放器有一個重大缺點，以當時的科技，記憶體只夠儲存一首歌。

蘋果公司的工程師抓住了克拉瑪的點子，加了一個滑動選歌的輪子，用更時尚的材料，當然，還有更進步的記憶體和軟體。2001年，克拉瑪的點子出現 22 年之後，蘋果公司推出了 iPod。

賈伯斯之後說：

> 創造力其實就是把東西連結在一起。當你問有創意的人，他們怎麼做某件事時，他們會有一點罪惡感，因為他們並沒有真的做了什麼。他們只是看到了什麼。很明顯地，對他們來說，他們只是能夠連結他們的經驗，然後形成新的東西。

克拉瑪的原始發明以及蘋果上市的 iPod

　　克拉瑪的點子也不是憑空出現的，而是跟著索尼公司（Sony）出品的Walkman，一台可隨身攜帶的錄音帶播放機的腳步而來。Walkman則是憑藉1963年發明了錄音帶後才得以出現。錄音帶則是奠基在1924年盤式磁帶的發明。歷史上，所有的發明都來自之前的創新生態系統。

　　人類的創造力不是從真空中冒出來的。我們根據自身經驗以及身邊的材料，重新建置世界。知道我們曾經到過何處，我們現在身處何方，就指向了下一個大發展。巴克斯敦研究他的收集，做出結論：大約每20年，就有一項新概念佔據市場。他告訴大西洋雜誌（*Altantic*）：「如果我說的話可信，那麼，10年後會成為億萬產值的任何東西，現在都已經有10年歷史了。這完全改變了我們應該如何看待創新。沒有發明會憑空出現，探勘、挖掘、精製化、金工製作，創造出某件比黃金更貴重的東西。」

為了救援癱瘓的阿波羅十三號，美國太空總署的工程師挖掘和精製化他們已有的知識。太空船在幾萬英哩之外，解決之道必須利用太空人拿得到的東西。工程師調查了太空船上有些什麼，他們擁有之前阿波羅任務累積的經驗，能夠做許多模擬測試。他們運用所有知識，做出援救計畫。

吉恩‧克蘭茲事後寫道：

> 我現在很感激，在任務之前我們所花的時間⋯⋯，我們針對各種想像得到的太空船障礙，發展出不同的選擇和工作模式。我們知道，當太空船碎裂分離時，我們可以用指揮艙來儲存生存用水，可以用太空人的汗水甚至尿液來（月球模組）冷卻系統。

工程師的集體經驗給了他們解決問題所需要的材料。他們不停歇的工作，腦力激盪各種想法，並在訓練用的複製太空船上做測試。在極大的時間壓力下，他們即興處置數據。

在人類各種活動中，抄襲已經有的想法推動了創造的過程。想一想早期的汽車工業。1908年之前，出產一輛新汽車極為費工耗時。每一輛車都是手工製作，不同的車體在不同的地方組合，然後再辛苦地組裝在一起。亨利‧福特（Henry Ford）有了一項重要創新：他將整個過程簡化，將製造和組合放在同一個屋頂下。木材、礦石、煤從工廠一端運入，福特T型車（編

註：相對低價的Model Ts量產，使汽車做為代步運輸工具，正式進入一般家庭，是工業化的一個關鍵指標）從另一端開出去。加工生產線改變了汽車製造業：「和以前加工方式不同。以前是汽車原地不動，工人圍著汽車移動。現在是工人位置保持不動，加工產線讓汽車組件移動。」[6] 感謝這些創新，汽車以前所未見的速度開出工廠。巨大的嶄新工業於焉誕生。

就像 iPhone，福特的加工生產線也有很冗長的家譜可供追溯。伊萊‧惠特尼（Eli Whitney）在十九世紀初期，為美國軍隊創造可以更換零件的彈藥。這項創新設計讓損壞的步槍可以利用其他槍枝上面拆下來的零件維修。福特認為可以互相交換的零件是一項恩賜，他不再需要幫個別的汽車製作零件了，他可以大量製造互可通用的零件。上個世紀的菸草工業使用一連串的固定步驟，在不間斷的加工生產線上加速生產。福特看到其中的智慧，於是照本宣科。福特本人在芝加哥肉類工業學到了生產線的概念。他後來說：「我沒有發明任何新事物。我只是用幾千年來其他人的發現來組合汽車而已。」

挖掘歷史並不限於科技業，在藝術圈也是如此。塞繆爾‧泰勒‧柯勒律治（Samuel Taylor Coleridge）是完美的浪漫詩人代表：熱情、衝動、灼熱的想像力。他用了鴉片之後，做了一個夢，夢醒後提筆寫出了名詩〈忽必烈汗〉（Kubla Khan）。這位詩人就像在跟謬思女神對話似的。

柯勒律治過世了之後，學者約翰‧李文斯頓‧婁斯（John

Livingston Lowes）參考他的圖書和日記，仔細分析柯勒律治的創作過程[7]。婁斯仔細檢查柯勒律治的筆記，發現書中充滿詩人的學習過程：「下雨……一切事物都影響了柯勒律治巔峰時期的寫作。」例如，婁斯追蹤〈古舟子咏〉（Rime of the Ancient Mariner）裡的詩句，其中關於海上怪物的「每一首歌都閃著金色的光芒」（*every track / Was a flash of golden fire*），很像註定失敗的探險家庫克船長（Captain Cook）寫的，螢光魚製造了「水中之火」（*an artifical fire in the water*）[8]。他將科勒律治描述的「染血太陽」（*blood Sun*）歸功於法肯諾（Falconer）的詩〈沉船〉（The Shipwreck），提到太陽「鮮血般的照射」（*sanguine blaze*）。一句又一句，婁斯發現柯勒律治書架上書籍的影響力，畢竟，當柯勒律治寫這些詩的時候他從未乘過船。婁斯認為柯勒律治火熱的想像力是源自圖書館中那些可以指認出來的來源。一切事物都有其家譜。喬伊斯・卡蘿・奧茲寫過：「（藝術）就像科學，應該被視為社群的努力——個人的聲音試圖代表許多人的聲音，試圖合成、探索和分析。」

克拉瑪的示意圖對於強納森・伊夫、惠特尼的步槍對於福特、柯勒律治的圖書館對於柯勒律治，都是消化和轉化的資源。

但是，如果一個點子、發明或創造代表了700年裡從未見過的大跳躍呢？這是理查森用來描述畢卡索的畫作〈亞維農的少

女〉的話。

　　即使是如此原創的作品，我們還是可以追蹤它的家系。畢卡索之前的世代，激進的藝術家開始脫離19世紀法國超寫實風格。最明顯的是保羅·塞尚（Paul Cézanne），他在〈亞維農的少女〉完成的前一年過世。他將視野分割成幾何圖形和一塊一塊的色塊。他畫的〈聖維克多山〉（*Mont Sainte-Victoire*）看起來像一幅拼圖。畢卡索後來說，塞尚是他「唯一的老師」。

保羅·塞尚的〈聖維克多山〉

　　〈亞維農的少女〉的其他特質也受到其他畫作的啟發。這是畢卡索的朋友擁有的一幅畫：17世紀埃爾·格雷考（El Greco）的祭壇畫〈世界末日的景象〉（*Apocalyptic Vision*）。

畢卡索好幾次去朋友家看這幅畫，並請模特兒像格雷考畫中裸體男女的聚集方式一樣站著。畢卡索在〈亞維農的少女〉裡也模仿了這幅祭壇畫不尋常的形狀和大小比例。

埃爾．格雷考的〈世界末日的景象〉

　　畢卡索的畫同樣受到其他異國情調的影響。幾十年前，保羅．高更蔑視傳統，拋妻棄子，搬到大溪地去。住在他的私人伊甸樂園裡，高更將原住民藝術融入他的畫作與木刻中。畢卡索注意到了。

　　畢卡索對原住民藝術很感興趣，尤其是來自老家西班牙的藝

保羅・高更的〈香香的小島〉
（Nave Nave Fenue）

品。有一天，畢卡索的一位朋友躲過打瞌睡的警衛注意，從羅浮宮拿走了兩個巴斯克（Basque）藝術品，以50法郎賣給畢卡索。畢卡索之後指出，偷來的伊比利亞半島（Iberian）雕像和他畫的女人的相似處，並說「頭部的大致結構、耳朵的形狀、眼睛的線條」都一樣。理查森寫道：「伊比利亞半島雕像是畢卡索的發現……沒有別的藝術家注意到。」

伊比利亞半島雕像和畢卡索的〈亞維農的少女〉局部

畢卡索畫〈亞維農的少女〉時，附近的美術館正在展出非洲面具。畢卡索寫給朋友的信中說他看展之後，當天就有了〈亞維農的少女〉的靈感。但後來他改變了故事說詞，宣稱他畫完〈亞維農的少女〉之後才去看展。無論如何，〈亞維農的少女〉裡，兩位妓女中有一位的臉——這張畫中最激進的特徵之一——毫無疑問地非常像非洲面具。

畢卡索挖掘身邊的材料，如此一來，他能夠將文化帶到之前沒有去過的境界。考證畢卡索受過的影響絕不會減少他的原創性。他的同儕都可以像他一樣使用這些材料，但是只有他一個人將這些影響放在一起，創造了〈亞維農的少女〉。

非洲面具與畢卡索〈亞維農的少女〉局部

如同大自然藉由調整已有的生物，創造出新的物種。大腦也是如此運用之前已有的材料。四百多年前，法國作家米歇爾‧德‧蒙田（Michel de Montaigne）寫到：「蜜蜂這裡那裡的採花，之後做成蜂蜜，全是他們的……即使他借用了其他人的作品，他會將它們轉化、混合，成為自己的作品。」[9]或者正如現代科學歷史學家史蒂夫‧強森（Steve Johnson）說的：「我

們拿來自祖先的，或是偶爾遇到的想法，拼湊起來，變成新的形狀。」[10]

　　無論是發明iPhone、製造汽車、發表現代藝術，創作者都是基於既有的知識創作。他們吸取世界並內化至自己的神經系統裡，修改操控，創造出可能的未來。想想多產的插畫藝術家羅妮·蘇·強森（Lonni Sue Johnson），她設計紐約客雜誌的封面。2007年，她受到幾乎致命的感染，讓她喪失了記憶力[11]。最終她活過來了，但是只有15分鐘的記憶力，無法記起她的婚姻、離婚，甚至無法記起當天稍早見過的人。她的大部分記憶都消失了，創作的生態系統枯竭了。她想不起要畫什麼，於是停止畫畫。腦子裡沒有了內在模組，沒有新的細節，無法將她看過的影像組成新的圖像。她端坐在畫紙前面，什麼都沒有，一片空白。她需要過去，才能創造出未來。她沒有任何依據了，因此畫不出東西。創造力倚賴記憶。

　　當然，一定也有天啟的時刻，某人毫無來由地突然想到一個點子吧？例如，1994年，骨科醫師安東尼·希柯里亞（Anthony Cicoria）正在用室外付費電話和母親通話，結果不幸被雷打到。幾週後，他突然開始作曲。接下來幾年，他發表了〈閃電奏鳴曲〉（Lightning Sonata）。他認為自己的音樂是「另一邊」給他的禮物。如果有創造力憑空出現的例子，毫無疑問就是這個了：一位不是音樂家的人突然開始作曲。

　　但是仔細檢視，我們會發現希柯里亞也是利用身邊的材料。

他回憶到，發生意外之後，他逐漸發展出對19世紀鋼琴音樂的熱愛。我們很難知道雷擊對希柯里亞的大腦做了什麼，但是很清楚的，他快速吸收了這些音樂。雖然希柯里亞的音樂很美，但是和他聽的音樂有同樣的結構和進程，例如比他早了200年的蕭邦（Chopin）。正如羅妮‧蘇‧強森一樣，他需要挖掘材料的寶庫。他突然想要作曲或許是憑空而來，但是他的創作歷程卻不是。

很多人還真的希望自己站在雷雨中，會被創意之雷打到呢！但是創意是從已有的記憶及印象中演化而來。不是雷擊燃起了新的點子，而是從腦子的巨大黑暗中，幾十億個互相交織的小火花一起創造了新點子。

我們如何重塑世界

人類一直很有創意：無論材料是文字、聲音或影像，我們都是食物處理機，餵養世界，從中創造新的東西。

我們天生的認知軟體乘以人類（*Homo sapiens*）的大量人口，製造了一個快速創新的社會，不斷運用最近的發展。農業革命到工業革命，之間過了一萬多年；從工業革命到發明燈泡只花了120年；然後只花了90年就登陸月球。在那之後花了22年出現了全球網路系統（World Wide Web, WWW）。9年之後，人類完成基因庫的序列[12]。歷史創新繪製出非常清楚的畫

面：每項重大創新之間所需要的時間快速縮短。這正是因為大腦能夠改善情況，吸收地球上最佳資源，使它變得更好。

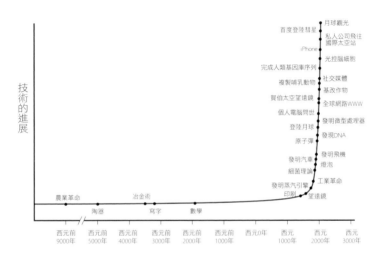

蘋果公司、太空總署的工程師、福特、柯勒律治和畢卡索重塑世界時，都是從前人學習。乍看之下，他們好像必須用不同的方式工作——畢竟，重塑電子產品、汽車、詩和畫必定牽涉到很不同的心智過程。我們可能想，創意的大腦運用一大堆不同的方法重塑世界。但是我們要提供一個框架，將心智過程分為三個基本策略：扭曲、打破和混合[13]。我們認為這三者是所有想法冒出來的主要策略。

一.扭曲，原有形狀被修改或扭曲變形。

波蘭海邊城鎮索波特（Sopot），史廷斯基（Szotynscy）和
扎列斯基（Zaleski）設計的奇幻哈哈屋（Krzywy Domek）

二.打破，整體被破壞

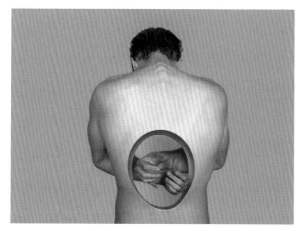

西班牙藝術家帕塔爾（Yago Partal）的〈碎片重組〉
（Defragmentados）

三. 混合，兩個或更多個源頭混合在一起。

湯姆斯・巴比（Thomas Barbey）的〈噢，床單！〉（Oh Sheet!）
（譯註：床單與「大便」發音近似，巴比是在玩雙關語：
〈噢，床單！〉音近〈噢，大便！〉，也就是〈噢，糟糕！〉）

扭曲（Bending）、打破（Breaking）和混合（Blending）—這3B—抓住了創新思考的腦部運作。不論是單獨或結合的心智運作，讓人類將IBM的西蒙手機進化到了iPhone，或是從原住民雕刻發展成現代藝術。3B把阿波羅十三號帶回地球，也讓福特有了他的汽車工廠。我們會讓大家看到，想像力如何在這些心智運作的翅膀上起飛。將這些心智軟體運用在周遭的一

切上，我們就可以不斷創造一波又一波的新世界。

這些心智運作是我們看待及理解世界的基本方法。想一想我們的記憶：不像錄影能夠忠實地重新播放我們的經驗，而是充滿扭曲、簡化和模糊。輸入與輸出並不相同。因此，我們可以看到同一場汽車意外事件，回憶起來卻不一樣；或是參與了同一段對話，之後說法卻不同。人的創意就是從這樣的機制中冒出來的。我們扭曲、打破並混合所觀察到的一切，並且利用這些工具重組身邊的現實。人類不擅長精準保留資訊細節，但是我們擅長創造不同的世界。

我們都看過模型，腦子像是有清楚界定的地圖：這個部分做**這個**，那個部分做**那個**。這些模型忽視了人腦最重要的特質：神經元到處連結，大腦沒有任何部分是獨自工作的。大腦像個社群，各個部分不斷地彼此對話、協商、合作。我們已經看到，這些廣泛的互動就是支撐人類創造力的神經網絡。即使某些能力受限於腦部的某些部分，創造力則是牽涉到整個大腦的經驗：由距離遙遠的神經網絡合作產生[14]。經由巨大的互相連結，人腦將 3B 運用在各種經驗上。我們不斷吸收身處的世界，碾碎，再吐出新的事物。

我們能夠用多元方式運用這三個基本策略，是一項可貴的資產，因為驚人的變化可以讓有限的選擇變得更多。看看大自然經過DNA重組後產生了什麼：住在最深海域的植物與魚類、地上覓食的動物、飛過天際的鳥類、在極熱或極冷的氣候中或

是極高或極低的海平線存活的生物、在熱帶雨林或沙漠中生活的生物——相同四個核苷酸的不同排列組合。地球上有幾百萬個物種，從極小的阿米巴原蟲到巨大的鯨魚，全都靠著先驅的重組。同樣的，我們大腦的創新要感謝極少的基本運作就能改變、重組輸入的資訊。我們經由經驗，拿到了材料，再扭曲、打破和混合，成為新的輸出。3B在腦中自由運作，提供了永不枯竭的新創點子和行為。

其他動物也有創造力，但是人類的創造力最為傑出。為何如此呢？我們已經看到，大腦在感官輸入和行為輸出之間，有更多神經元交織在一起，幫助神經網路中有更多抽象概念、更多路徑。還有，我們非比尋常的社交能力使人類不斷互動，分享點子，結果就是每個人都將自己的心智種子播放到別人的腦子裡去了。人類創造力的魔法不是新點子憑空出現，而是我們發展了這麼多的腦部神經網路。

公開與隱蔽的創作

你的大腦隨時都在腦殼底下執行創造力的軟體。每次你說話誇張、說謊、開玩笑、用剩菜做出新的菜色、給夥伴一個驚喜禮物、計畫海灘度假、想著曾經有過機會的一段關係，你都是在消化和重建以前吸收的記憶及感受。

遍布地球各地的人腦已經運用這些軟體幾百萬年了，所以我

們現在身邊圍繞著一大堆創意的結果。有時候，重塑世界的痕跡明顯可見——例如生產商宣布新模型，或是你聽著你最喜歡的歌的混音版。但是更常見的情況是，發明、點子和經驗不斷被重塑，卻都沒有那麼明顯。

就YouTube來說。這個網站革新了如何在網路上分享影片的文化，但是並不容易維持標竿地位。YouTube很早就發現，如果想要吸引眼球，影片就必須不中斷地播放。看著時不時停頓的影片一點也不好玩：一旦暫停，觀眾就會轉台[15]。播放高清（HD）影片時，這個問題明顯更為嚴重。高清影片檔案更大更要求頻寬，如果頻寬太窄，電腦位元組傳輸塞車，你正在觀賞的影片就會定格。很不幸的，頻寬有寬有窄，取決於提供網路服務的公司，而不是YouTube。所以，當越多人看高清影片，畫面就越卡。YouTube公司的工程師似乎面對了無法克服的困難。如果他們無法直接影響頻寬，要如何提供使用者穩定的觀影經驗呢？

他們的解決辦法令人驚訝而且非常聰明。YouTube上的影片一般都是以三種模式儲存：高清、標準和低清。工程師設計軟體，將各種解析度的檔案都分解成很短的影片，好像項鍊上的珠子一樣。當影片被送到你的電腦上播映時，有其他的軟體隨時在追蹤頻寬變化，給你的電腦輸入可以跑得動的解析度。觀影時你感覺非常流暢的影片，實際上是由幾千個很小的片段所串在一起。只要影片裡有足夠的高清片段，你就不會注意到也

有低清片段——珍珠裡的小石子——混在其中。你只注意到你獲得更好的服務了。

　　為了改善高清流量，YouTube工程師切割並混合影片，挑戰了高品質影片必須百分之一百高清的假設。但是這裡有一個問題：你無法看到流量背後的創造力。這是無法測知的。

　　YouTube流量是隱蔽創作的例子：在設計上本來就是不想讓人注意到。是戴著撲克臉的創造力。企業界和工業界有許多創意都是看不見的，因為他們在乎的是工具有用就好：影片傳輸穩定順利、應用程式保持最新的交通路線、智慧型手錶記錄我們爬了多少級階梯。創新往往隱藏自己[16]。

法國巴黎的龐畢度中心

　　看看我們身旁的建築物。大多數建築物裡，讓建築物運作的技術都被藏在牆後：空氣管道、水管、電線、支撐的樑柱等等。巴黎的龐畢度中心（Pompidou Center）翻轉了這個建築模式。功能及結構元素都展示在外牆上，讓整個世界看到。

當設計展示在表面，而不是藏起來的，就是公開的創作了。

公開的創意展露了創造力的管線，讓我們看到創新發生的內在心智過程。

在各種不同的文化中，我們在藝術中看到最多公開的創作。藝術本來就是為了展示，等於就是創新的公開資源軟體。例如克里斯欽・馬克雷（Christian Marclay）的作品〈鐘〉（*The Clock*）：一個長達24小時的影片剪輯中，每一分鐘都用電影中顯示同樣時間的鏡頭代表。在下午2:18，驚悚片《亡命快劫》（*Taking of Pelham 123*）裡的丹佐・華盛頓（Denzel Washington）看著一個鐘，鐘面上正是2:18。在這個作品的24小時裡，有幾千個電影片段，包括《要命的吸引力》（*Body Heat*）、《007：太空城》（*Moonracker*）、《教父》（*The Godfather*）、《半夜鬼上床》（*A Nightmare on Elm Street*）和《日正當中》（*High Noon*），展示了各種鐘錶——包括懷錶、手錶、鬧鐘、上下班的打卡鐘、老爺鐘和鐘樓——有鐘面的錶和數位錶，黑白影片或彩色影片[17]。

馬克雷做的事情類似YouTube工程師做的事情：他把既有的影片切成短短的片段，再串起來。工程師的創造力保持隱蔽，馬克雷則讓我們觀察到創作過程的骨架。我們可以看到他打破和混合了影片，創造出他的電影。相對於YouTube的工程師，他展示出他的切割。

幾萬年來，藝術都存在於人類文化當中，提供我們很多公開的創意。就像腦部掃描讓我們看到腦部運作一樣，藝術讓我們研究創作過程的結構。如果把藝術和科學放在一起，會如何讓我們更了解新點子的誕生呢？自由體的詩和DNA序列以及數位音樂和Google翻譯又有何關係？

　　為了獲得答案，讓我們來看看3B。

扭曲
BENDING

1890 年代的早期，法國藝術家克洛德·莫內（Claude Monet）在盧昂大教堂（Rouen Cathedral）對面租了一個房間。在兩年期間裡，他畫了超過 30 張大教堂的正面。莫內的視覺角度一直沒變：他一再地畫同一個角度。雖然景象一樣，卻沒有兩張畫是相同的。莫內畫出了不同光影下的大教堂。其中一幅，中午的陽光讓教堂表面顯得蒼白，像是被漂白過了似的。另一幅，黃昏讓教堂閃著紅色和黃色的光影。莫內不斷用各種新的方式呈現同一個原型，他使用了**第一個創意工具：扭曲。**

葛飾北齋（Katsushika Hokusai）跟莫內一樣，為視覺符號——日本富士山——創作了36幅木刻版畫，呈現出不同的季節、不同的距離、不同的視覺風格。

歷史上，各種文化都曾經出現不同方式扭曲的人類形體。

瑪雅、日本和迦納的雕塑。

動物形體也是如此。

中國、賽普勒斯和希臘的馬

　　扭曲不只會公開發生，也會發生在隱蔽處。以心臟病學為例，心臟終究是會壞掉的，長久以來，研究者一直有個夢想：就如同人工骨頭和四肢一樣，是否也可以製造人工心臟呢？1982年，這個夢想成真了。威廉‧迪威爾斯（William DeVries）在退休牙醫巴特尼‧克拉克（Bartney Clark）身體裡裝了一個人工心臟，讓他又活了4個月。克拉克死的時候，心臟還在跳動。這是仿生科技的大大成功。

　　但是有一個問題。人工心臟的幫浦需要極大的能量，零件也會很快耗損。把機器放進人體內，本身就是一個挑戰。2004年，比利‧孔恩（Billy Cohn）醫師和巴德‧費瑟爾（Bud Frazier）醫師有了創新的點子。雖然大自然只有**幫浦**似的工具將血液運送全身，但這絕不是唯一的方式。孔恩和費瑟爾心想：如果我們使用持續的血流呢？就像噴泉水可以不斷地循

環，血液是否也可以流經一個空腔，充了氧，又流出去呢？

2010年，美國副總統狄克・錢尼（Dick Cheney）裝了一顆血液持續流動的心臟，從此一直好好活著，但是沒有脈搏。脈搏只是心臟搏動的副產品，不是必要條件。孔恩和費瑟爾將大自然的原型放在工作桌上，發明了新型的心臟。

「扭曲」可以用許多不同方式重新建構既有資源。例如大小。在納爾遜-阿特金斯藝術博物館（Nelson-Atkins Museum of Art）的大草地上，克萊斯・歐登柏格（Claes Oldenburg）和古奇・仿都恆（Coosje van Bruggen）的〈羽球〉（*Shuttlecocks*）被放大到帳篷的大小。

2016年的夏季奧林匹克，藝術家JR在里約熱內盧（Rio de Janeiro）一座建築物屋頂，裝了跳高選手阿里・默德・榮恩斯（Ali Mohd Younes）的巨大雕像。

可以放大，就可以縮小。第二次世界大戰時，雕塑家阿爾伯托·賈克梅蒂（Alberto Giacomerri）成為難民，受困在旅館房間裡，轉而創作小型雕塑，做了一系列的人像。

阿爾伯托·賈克梅蒂的〈廣場〉（Piazza）

法國藝術家安娜絲塔夏·艾莉亞斯（Anastassia Elias）在衛生紙的紙捲筒裡面創造了微型景觀。

安娜絲塔夏·艾莉亞斯的〈金字塔〉（Pyramide）

藝術家維克·慕尼茲（Vik Muniz）使用集中的離子光束，在一顆沙子上面刻了非常非常小的奈米藝術品。

維克·慕尼茲的
〈沙堡三號〉
（Sand Castle #3）

這些藝術品和夜間安全駕駛有何關聯呢？乍看之下，沒有

什麼關聯。但是解決令人困擾的擋風玻璃問題時，也用到了同樣的認知過程。汽車出現的早期，天黑之後駕車很危險，因為前方接近的頭燈會讓駕駛什麼都看不見。美國發明家艾德溫‧蘭德（Edwin Land）決心創造不怕前方強光的擋風玻璃。為了增加可見度，他以偏振極化的方向思考。這不是新的概念：遠在拿破崙時代，就有法國工程師注意到，如果他透過方解石注視，皇宮窗戶在陽光下的反光比較不那麼亮。接著很多代的發明家都努力以大片的水晶石嘗試過，但是有一個問題：想像以15公分厚的水晶石做成的整片擋風玻璃，你根本無法看穿它。

　　蘭德就像之前的每一個人，試著用大片的水晶石解決問題，但是毫無進展。然後有一天，他突然靈光一閃，忽然想到可以把水晶縮小。蘭德之後說，他的「正統思考」[1]和賈克梅蒂、艾莉亞斯與慕尼茲的藝術創作異曲同工。他將握在手中的水晶變成根本看不到的小顆粒，成功做出大片玻璃，裡面鑲嵌了幾千顆很小的水晶顆粒。因為水晶體如此微小，玻璃既透明又能減少強光。駕駛可以看得更清楚，而背後的創造力卻是我們看不見的。

透過沒有偏振擋風玻璃和蘭德的偏振擋風玻璃看出去的不同景象

除了大小，形狀也可以扭曲。在古典西方芭蕾舞裡，舞者必須盡可能地保持挺立的姿態。1920 年代，舞者和編舞家瑪莎‧葛蘭姆（Martha Graham）用了創新的舞姿、動作和布料，扭曲人體。

舞者可以扭曲人體形狀，建築也可以。使用電腦模擬與新的建築材料，建築師法蘭克‧蓋瑞（Frank Gehry）將平板的建築物表面扭曲成漣漪似的彎曲形狀。

類似的扭曲能夠讓未來的汽車裝更多燃料嗎？若要將引擎燃料從汽油轉成氫氣，最大的問題就是燃料箱太大：標準的氫氣燃料箱是水桶形狀，佔據太

Volute設計的扭曲燃料箱

法蘭克・蓋瑞設計的三棟建築物：紐約的公寓式飯店彼克曼塔（Beekmon Tower）、拉斯維加斯的羅魯芙腦部健康中心（Lou Ruvo Center for Brain Health），以及和維拉多・米魯尼克（Vladô Milunič）一起設計、位於捷克布拉格的舞蹈屋（Dancing House）。

多空間。一個叫做 Volute 的公司發展出扭曲而順應車體的燃料箱，可以一層一層折疊，並且還能轉彎，佔據沒有利用到的空間，將扭曲發揮到最大的效用。

人腦用無數的方式扭曲原型。例如，藝術家克萊斯・歐登柏格（共同創造〈羽球〉的藝術家）不但放大，也放軟：他用有彈性的材料，例如黑膠或布料，取代大理石或石頭，創作

雕塑。他的超大版〈冰袋〉（icebag）包括馬達，讓雕塑漲大或縮小。這是大理石做不到的。

正如雕塑，以前的機器人身體都是硬的：從《太空迷航》（Lost in Space）裡的機器人 B-9 到今日工廠裡的自動化焊金機械手，自動化機器一向都是金屬做成的人類助手。它們亮晶晶的外表堅硬耐用，但也有缺點：金屬零件很重，需要很多能源移動。金屬機器人拿取纖細物件很容易就會壓壞它。

Otherlab 是專門實驗製作柔軟機器人的公司。他們不用金屬，而是用重量輕、價格低的布料。Otherlab 公司製造的可充氣機器人比傳統機器人輕，而且用更少的的電池能源，他們的自動機械裝置 Ant-roach 可以走路，可以支撐自己體重十倍的物品。柔軟的自動化機器打開了各種可能性：研究者創造出會扭來扭去、會爬的機器蚯蚓和機器毛毛蟲，可以去到金屬機器人會絆倒或纏住的地方。軟機械手的抓握非常精巧，能拿起雞蛋和活的組織而不造成傷害；若是金屬機械手就會壓壞它了。

Otherlab 的 Ant-roach 機器人

腦部會一直放映同一個主題的各種變化，包括我們當下的經驗。螢幕上，快動作畫面可以加強關鍵警察出醜的戲劇效果。在電影《我倆沒有明天》（*Bonnie and Clyde*）裡，導演使用慢動作演出警察射出如雨點落下的無數子彈，男女主角有如舞蹈般的死亡。電影《300壯士：斯巴達的逆襲》（*300*）裡的戰爭場面中，導演交替使用快動作和慢動作，破壞觀眾腦子裡的期待，讓戰士們以令人意外的方式彼此對打。

同樣的速度扭曲也可以用在技術工業裡。血液持續流動的心臟一開始的表現並不理想，原因讓人很意外：正如河流裡會形成渦流，血液遇到轉彎的時候容易形成血栓，引起中風。做了許多不同的實驗之後，孔恩和費瑟爾發現，調整流速可以預防血栓形成。他們為沒有脈搏的心臟增加了流速的微調機制，對抗可能致死的問題。在《300壯士：斯巴達的逆襲》裡，調整速度增強了暴力程度；用在人工心臟裡，同樣的扭曲卻能維持生命。

還有其他扭曲時間的方式。時間總是往前流動，哈洛·品特（Harold Pinter）的《背叛》（*Betrayal*）卻不是。這個劇本講的是三角戀愛：羅伯的妻子艾瑪和羅伯最好的朋友傑瑞發生外遇。品特將時間順序倒轉。一開始，外遇已經結束，艾瑪和傑瑞多年後重逢。演出這齣戲劇的2小時裡，旁白回到多年前的那一個晚上，傑瑞剛剛對艾瑪表白。每次時間往過去推一步，就揭露了更早的計畫、承諾和再次承諾——都未能實踐。到了

最後一幕，我們聽到角色彼此說的話，都知道不可信了。品特將射出去的箭翻轉過來，讓我們看到婚姻毀滅的根源。

腦部不只能在戲院裡翻轉時間，也能在實驗室裡翻轉。在第二次世界大戰期間，瑞士物理學家厄恩斯特·斯蒂克爾堡（Ernst Stuechelberg）發現，他可以用「電子在時間中倒退」的現象描述正電子（反物質的一種粒子）的行為。時間倒退雖然違背了我們的生活經驗，卻是能揭開瞭解次原子世界的新方法。

同樣地，也有科學家想要翻轉時間，試圖複製尼安德塔人（Neanderthal）。尼安德塔人的基因和我們非常接近，大約只有十分之一的基因不同。他們也會使用工具、埋葬死者、懂得生火。雖然他們比我們個子更高大、更強壯，但是我們的祖先征服了他們：大約三萬五千年到五萬年以前，最後的尼安德塔人消失了。哈佛生物學家喬治·曲爾屈（George Church）提議反向基因工程來複製尼安德塔人：一開始用人類基因庫，然後翻轉時間的痕跡。正如品特在舞台上翻轉年紀，生物學家將尼安德塔人的幹細胞植入匹配的女性子宮內。曲爾屈的計畫仍屬臆測，沒有實踐，但是他的想法可以代表腦部操控時間流向以創造新產品的想像。

有些創意扭曲極為強烈，有些則很溫和。1960年代，藝術家羅伊·利希勝斯坦（Roy Lichten-stein）向莫內的大教堂畫作致敬，做了一系列的絹印版畫。他的絹印作品顆粒較大，色彩較

為單一，但是已經很明顯地看得出來是在模仿莫內的大教堂系列了。

羅伊・利希勝斯坦的〈大教堂第五套〉（Cathedral, Set 5）

類似手法也出現在漫畫作品上，為了突顯喜劇效果，漫畫喜歡扭曲著名人物的臉部特徵，但是不能扭曲到認不出來的程度。當扭曲更為嚴重時，可能就看不出源頭了。我們很不容易看出莫內的兩張畫是同一個主題：他在法國吉維尼（Giverny）家裡的日本橋。

克勞德‧莫內的〈荷花與日本橋〉（Water Lilies and Japanese Footbridge）（左）和
〈日本橋〉（The Japanese Footbridge）（右）

弗朗西斯‧培根（Francis Bacon）的肖畫像中，臉部模糊扭曲，特徵完全改變，無法認出原來人物是誰了。

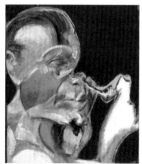

弗朗西斯‧培根的三張肖畫像（包括自畫像）

將源頭扭曲到認不出來的能力解決了電視時代來臨時遇到的一個問題。1950 年代，當電視成為美國家庭必備品時，廣播公

司要大家付費觀賞。這時有線電視台尚未出現，無法將節目送到特定的家裡。電視公司沒有選擇，只得向各個方向放送節目訊號源。公司要如何讓使用者付費呢？畢竟，只要裝個天線就可以收看節目了。工程師想出來的方法是打亂訊號，就像培根畫的臉部一樣。有一個加密系統，將類似的訊號線混在一起搞亂。在另一個加密系統中，每一條訊號線都可能被隨機延遲，於是無法同時接收。如果要看首播影片或最熱門的運動轉播，派拉蒙電視付費節目的訂戶必須在一個盒子裡丟硬幣，或是在機器中插入打洞卡[2]計費。然後付費訂戶用一個解密機器解開亂碼，其他人則只能在螢幕上看到一片模糊的亂碼。對於培根，扭曲臉部給了畫像心理上的深度；對於電視廣播公司，扭曲保護了他們的收益底限。

時間結束的錯覺

很多人會被時間結束的錯覺誤導，認為我們能做的一切都已經被做過了。但是歷史中的扭曲告訴我們，事實不盡然如此：我們總是可以創造出無限的可能。人類文化永遠在改變。

就拿刀子來說吧。最古老的石

刀，邊緣被削尖、削利了。石刀幾乎有200萬年的歷史。

　　逐漸地，我們的祖先將石刀做得更長，加上把手，可以更容易使力。刀子從簡單的一開始，就被扭曲成各種樣子。刀子的家族樹非常龐大，有無數的分枝。想想看，光是19世紀的菲律賓就有非常多元的刀子樣式。單一的文化和單一的時代就能有這麼多的變化。

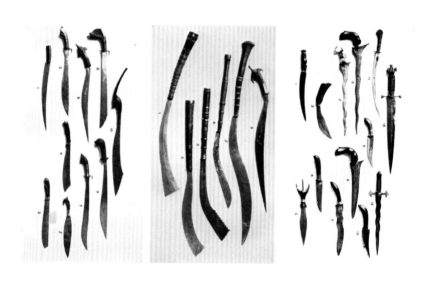

　　同樣的，雨傘和陽傘自古存在。古埃及人用棕櫚葉或羽毛做傘，羅馬人用皮革，阿茲特克人用羽毛和黃金[3]。羅馬的傘可以收起來，古代中國的傘也可以收起來。相對的，印度和暹羅皇家用的傘非常重，必須由全職撐傘的僕人一直撐著。

　　1969年，布萊德福‧菲利普斯（Bradford Philips）為現代可

以折疊的傘申請專利。菲利普斯的模型風行了很久。但這還不是最終的設計。美國專利局不斷收到許多關於傘的專利申請，雇用了四位全職員工專門審核傘的專利申請[4]。例如，Senz的不對稱傘形設計可以提升傘的抗風性 ；unBrella翻轉一般設計，讓傘往上折，骨架子露在外面 ；Nubrella像是背包那樣揹著，空出手來。

　　正如刀子和傘，藝術也沒有終點。古典藝術不斷被重新創造。莎士比亞的《羅密歐與茱麗葉》（*Romeo and Juliet*）被改編成芭蕾舞、歌劇、音樂劇《西城故事》（*West Side Story*）、超過四十部的電影，包括卡通影片《糯米歐與茱麗葉》（*Gnomeo and Juliet*），其中主角是花園裡的小侏儒。

　　爵士樂手巴比·薛爾特（Bobby Short）在紐約的卡萊爾餐廳（Café Carlyle）彈鋼琴演唱了35年。但是無論他彈過幾次經典歌曲〈我又戀愛了〉（I'm in Love Again）或〈妙不可言〉

（Too Marvelous for Words），沒有一次的演奏是完全一樣的。對一位爵士藝術家而言，沒有絕對的演奏表演，沒有最終的版本，目標是持續創新：同樣的一首歌從來不會完全一樣[5]。

福爾摩斯（Sherlock Holmes）也是大家很愛重新創作的對象。亞瑟・柯南・道爾（Arthur Conan Doyle）寫的《血字的研究》（*A Study in Scarlet*）裡，警察發現一個屍體，牆上有用血跡寫下的訊息：RACHE。蘇格蘭場探長雷斯垂德（Lestrade）請福爾摩斯協助破案。檢查犯罪現場之後，雷斯垂德探長如此解釋血字：

> 怎麼？這表示寫字的人想要寫女人的名字蕾秋（Rachel），但是還沒寫完就被打斷了。你記住我的話，破案之後，你會發現一個叫做蕾秋的女人牽涉在內。你要笑就笑吧，福爾摩斯先生。你可能很聰明，但是無論如何，老獵犬還是最棒的[6]。

福爾摩斯檢查犯罪現場之後，很快地說出一連串的推理：

> 這是謀殺。殺人犯是男人。他高於六英尺，正在生命巔峰，以他的身高，腳算是很小的。他穿粗的、四方頭的靴子，抽的是特里奇諾波利（Trichinopoly）雪茄。

福爾摩斯說受害者是被毒死的，又說：「還有，雷斯垂德……RACHE是德文的『復仇』，所以，不要浪費時間找蕾秋小姐了。」

這個短篇小說堪稱經典，但是經典經常被改寫。英國廣播公司《神探夏洛克》（*Sherlock*）的劇作家想到了如何扭曲這個故事。影集的第一集叫做《粉紅色的研究》，女人屍體在類似的場景被發現了。受害者在木頭地板上用指甲抓出了「RACHE」。

雷斯垂德給了福爾摩斯幾分鐘研究犯罪現場，然後問他有沒有發現什麼。站在走廊裡的一位警察很有信心地插嘴：「她是德國人。那個字是德文的**復仇**。」福爾摩斯說：「是的，謝謝你的意見。她不是...」福爾摩斯沒耐心地當著他的面關上門，繼續說：「她是從外地來的，只待一晚，就要回加州的家。這是很明顯的。」

雷斯垂德問：「這個訊息呢？」福爾摩斯聲稱，受害女子婚姻不幸福，經常外遇，帶著粉紅色的旅行箱旅行。可是旅行箱不見了。他最後說：「她一定有電話或記事本，讓我們來找找看誰是蕾秋。」

「她寫的是**蕾秋**？」雷斯垂德不太相信地問。福爾摩斯諷刺地說：「不，她是用德文寫憤怒的留言。她當然是在寫『蕾秋』啊！」

這是這個經典故事的諸多扭曲之一。

因為腦子持續扭曲輸入的資訊，於是語言不斷演化。人類溝通上的變化建構於DNA的層面：結果就是今日的字典和五百年前的字典已經很不一樣了。語言會滿足對話與意識的需要，不只是因為用來參考，也因為語言易變，所以可以成為如此有力的載具，以傳遞新想法。感謝語言充滿創意的可能性，我們說的話才能夠跟得上我們需要說的話[7]。

來看看法國的顛倒句（verlan）吧，這種用語把音節前後互換顛倒，例如bizarre（奇怪）變成了*zarbi*，cigarette（香菸）變成了*garettsi*[8]。一開始是都市裡的年輕人和罪犯在用，以免執法當局聽懂他們在說什麼。之後，許多顛倒字變得非常普遍，已經被吸收到一般對話的法語裡了。

字典的定義不斷修正，以便追上我們已經改變了的用法和知識。在羅馬時代，「addicts」指的是無法還債，因而賣身為奴，幫債主服務的人。這個字最後成為藥物上癮的人：他成為毒品的奴隸了。「husband」一詞本來指的是擁有自己房屋的人，和結婚毫無關係。但是因為擁有房屋比較容易找到妻子，這個詞最後成為代表已婚男人的名詞了。1605年11月5日，蓋·佛克斯（Guy Fawkes）試圖炸掉英國國會。他被抓到並執行了死刑。愛國者焚燒他的畫像洩憤，並將他的畫像匿稱為「Guy」。幾百年後，這個詞失去了原有的負面意義，泛指一般男性，甚至還有一齣百老匯音樂劇就叫做《紅男綠女》（*Guys and Dolls*），（譯註：原文是「男人與女人」）[9]。美國俚

語中，壞（bad）就是好，熱（hot）就是性感，冷（cool）就是很棒，邪惡（wicked）就是非常棒。如果你可以穿越到一百年後的世界，你會發現自己聽到子孫說話會感到驚訝，因為語言本身不斷改變，反映出人類的新意。

※※※

正如我們已經看到的，扭曲是改變既有的原型，經由大小、形狀、材料、速度、順序等等的改變，打開各種可能性的泉源。因為我們永遠不熄的神經操控，結果就是人類文化有了無止盡的變化，一代傳給一代。

假設你想拆解一個主題，分成其中各個元素呢？讓我們看一下大腦的第二個創新技巧。

打破
BREAKING

　　「打破」就是將一個整體——例如人體——拆開，用碎片組成另一個新的東西。

蘇菲・凱夫（Sophie Cave）的〈漂浮的頭〉（Floating Heads）、奧古斯特・羅丹（Auguste Ro-din）的〈陰影身軀〉（Shadow Torso）和馬大蓮娜・阿巴卡諾維茲（Magdalena Aba-kanowicz）的〈認不出來〉（Unrecognized）

創造〈破碎的方尖碑〉（*Broken Obelisk*）時，巴尼特‧紐曼（Barnett Newman）將方尖碑切成兩半，將其中一半顛倒過來。

　　同樣的，藝術家喬治‧布拉克（Georges Braque）和畢卡索打破視覺景象，畫成拼圖似的一塊一塊色彩，形成立體主義的角度和觀點。畢卡索在巨大的〈格爾尼卡〉（*Guernica*）畫作中，用打破的技巧呈現戰爭的恐怖。人民、動物和士兵的碎片——身軀、腿和頭都分離了，沒有一個身體是完整的——呈現驚人的殘酷與痛苦。

喬治‧布拉克的〈小提琴與水瓶的靜物畫〉（Still Life with Violin and Pitcher）和畢卡索的〈格爾尼卡〉

打破的心智策略讓紐曼、布拉克和畢卡索做藝術創作，也讓機場更為安全。1971年7月30日，一架泛美航空（Pan Am）747飛機飛離舊金山機場時，接到塔台指示，使用一條比較短的跑道。新的跑道需要用更陡的角度起飛，但是很不幸的，飛行員無法做出必要的調整。飛機起飛時，機翼太低，打到了機場燈柱。那時的機場燈柱和圍籬為了抵擋強風，都做得很堅固。結果就是燈柱像一把劍，切入了機身。一個機翼受傷了，著陸的機械部分脫離，燈柱的一部分插入機體。冒著煙的飛機還是飛出去了，在太平洋上空飛了兩小時，消耗油料，然後返航做緊急降落。飛機著陸時，輪胎爆炸，飛機脫離跑道。其中27位旅客受傷。

這次事件之後，美國聯邦航空總署（Federal Aviation Administration）規定了新的安全措施。工程師需要預防這種事情再度發生，於是他們的神經網路產生了不同的策略。今日，當你的飛機滑行於跑道上準備起飛，你在窗外看到類似堅硬金屬建製而成的燈柱和廣播塔台——其實它們不是。它們脆弱易碎，隨時準備好要碎成碎片，而不會傷害飛機。工程師的腦子看到整體塔台，想到「如果」塔臺可以變成碎塊。

可以斷裂的桅杆

「打破一個連續的範圍」也為移動式溝通造成革命性的影響。第一個手機系統就像電視或廣播系統：在某個範圍內，有個塔台向四周播放。接收效果非常好。無論多少人在看電視都沒有關係，但是有好多人同時在打電話就有關係了：只能有幾十個人同時打電話。如果有太多的人同時打電話，系統就會超過負荷。線路忙的時候撥電話，幾乎一定會得到忙線訊號。貝爾電話公司（Bell Labs）的工程師發現，把手機當成電視操作是行不通的。他們用了創新的方法：將一個區域區分為很多小區域，每一個區域都有自己的塔台[1]。現代的手機於焉誕生。

顏色代表不同的
廣播頻率。

　這個系統的偉大優點就是讓同樣的廣播頻率在不同區域重複使用，所以，能讓更多人同時講電話。在立體主義的畫中，我們可以看到一個延續的區塊被劃分為更多不同區塊。同樣的概念運用在手機裡就看不見了。我們只知道可以打通電話。

詩人卡明斯（e. e. cummings）打破文字和句法，創造他的自由體詩句。在他的詩〈暗淡〉（**dim**）之中，幾乎每個字都被拆解到不同的詩行中了。

暗淡	dim
我	i
在	nu
	tive
這個公園裡空	e this park is e
空的（大	mpty(everyb
家都在別處	ody's elsewher
只有我和六隻	e except me 6 e
麻	nglish sparrow
雀）秋	s) a
天和	utumn & t
雨	he rai
雨	n
	th
	e
雨[2]	raintherain[2]

1950年代，生物化學家弗雷德里克・桑格（Frederick Sanger）也在實驗室用了同樣的打破技巧。當時的科學家急於

找出胰島素的胺基酸序位，但是胰島素分子太大了，無法成功完成。桑格的解決之道就是切斷胰島素分子，把它變成比較容易操作的小分子，然後一一找出小分子的胺基酸序列。感謝桑格的拼圖（jigsaw）做法，胰島素的序列終於被成功測出來了。因為這個貢獻，他獲得1958年的諾貝爾獎。科學家現在仍在使用他的技術，以找出其他蛋白質的結構。

這才只是個開始而已。桑格也發明了打斷DNA的技術，讓他得以控制一條DNA何時以及如何斷裂。後面的驅力相同：打斷長鏈，變成可操作的短鏈。這個方法極為簡單，卻大幅增進了找到基因序位的過程。人類基因庫計畫因此有了可能，幾百種其他生物的分析也有了可能。1980年，桑格又獲得了另一個諾貝爾獎。

卡明斯以創意方式打斷一連串的文字，創造了我們使用文字的新方式；桑格打斷一連串的DNA，創造了我們閱讀大自然基因密碼的方式。

神經的打破過程也造就我們現在看電影的方式。早期的電影，劇情會依照實際發生的時間出現，就像生活中的時間一樣。每一個場景都以一鏡到底的方式拍攝。唯一的剪輯發生於一個場景換到另一個場景的時候。一個男人對著電話急切地說：「我馬上過來。」他會掛掉電話，找到鑰匙，出門。他會走過走廊，下樓梯，走出建築物，走過人行道，到了咖啡館，進去，坐下來跟電話裡的人碰面。

電影先驅們，例如埃德溫‧波特（Edwin Porter），開始刪除開始與結束的部分，讓一幕一幕的景象連結得更緊密。這個男人可能說：「我馬上到。」然候下一幕裡，他忽然就坐在咖啡館裡了。時間被打破了，觀眾完全不會在意。電影逐漸演化，製作人開始進一步往敘事壓縮的方向改變。在《大國民》（*Citizen Kane*）的早餐一景，每隔幾個鏡頭，時間就跳到幾年之後。我們看到肯恩和妻子年紀越來越大，他們的婚姻關係從親蜜的對話演變成沉默的對視。導演將一場很長的火車旅程，或是一位少女成為大明星的過程，創造了蒙太奇（montages），只用了幾秒鐘表達。好萊塢攝影棚會雇用蒙太奇專家，他們唯一的工作就是剪輯影片。在《洛基第四集》（*Rocky IV*）中，拳擊手洛基和對手伊凡的訓練過程佔了影片的三分之一。電影中的時間和生活中的時間不再相同了。打破時間的流動變成電影語言的一部分。

打破持續的行動也成為電視的偉大創新之一。1963 年，電視台現場轉播陸軍和海軍的橄欖球賽。當時的錄影設備很難控制，倒轉時很不精確。現場轉播的導演東尼‧維爾納（Tony Verna）找出方法在錄影帶上做出聲音記號——在錄音間裡可以聽到這些記號，但是播放時聽不到。因此，他可以私下找到每個片段的開始之處。他試了幾十次才讓機器聽話。最後在第四局，陸軍觸地得分，維爾納終於可以立即倒帶到正確的時間點，在現場直播的電視上重播觸地得分的那個時刻。維爾納暫

時打破了流動，發明了立即重播的技術。這種事情之前從未發生過，電視播報員還得加以解釋：「這不是現場直播！各位先生女士，陸軍並沒有再一次觸地得分！」

早期電影充滿時間軸很長的鏡頭，很像早期的電腦計算，主機只能一次計算一個問題。電腦使用者用打洞卡，排隊等待，輪到自己時再把打洞卡交給技術員。然後等好幾個小時，讓電腦處理數字，才能得到他要的結果。

美國麻省理工學院（MIT）的一位電腦科學家約翰‧麥卡錫（John McCarthy）想到時間分享的點子：如果，電腦不是一次只跑一個計算，而是像電影裡不同的鏡頭切換那樣，可以在多個計算之間切換來切換去呢？使用者不用等待輪到自己，幾個人可以同時使用電腦主機。每一位使用者都覺得自己好像擁有了電腦全部的注意力，但是實際上，電腦迅速地在各個計算之間跳來跳去。大家不用再等著輪到自己了，使用者坐在終端，以為自己和電腦有了一對一的關係。

從真空管到傳輸器的改變，以及介面友善的程式語言的發展，讓麥卡錫的概念更往前進了一步。但是，將電腦的計算能力切割成短短的一小段一小段，仍然是深具挑戰性的機械任務。麥卡錫第一次的示範並不順利，在滿屋子潛在顧客面前，主機的記憶體用光了，開始輸出錯誤的訊息[3]。幸運的是他們很快地克服了技術問題，幾年之內，電腦使用者可以個別坐在終端機前面，在真實的時間裡和主機「對話」了。麥卡錫隱蔽

地打破了數位處理過程，開始了人類與機器介面的革命。現在，我們跟隨著手機導航開車，手持式的儀器運用到了無數伺服器的處理能力，每一個伺服器都在幾百萬個使用者之間跳來跳去。麥卡錫的概念在雲端大大發揮了力量。

正如時間一樣，腦子也可以打破視覺世界，將之切割成碎片。大衛・霍克尼（David Hockney）用大的方形照片彼此重疊，創造了拼圖作品《填字拼圖》（*The Crossword Puzzle*）。

點描法的畫就是用許多許多的小點點建構而成。

喬治・修拉（George Seurat）的《大傑特島的週日午後》
（Un dimanche après-midi ál'île de la Grande Jatte）

在數位像素中，每個點都小到你根本看不到。隱匿的切割帶給我們整個數位宇宙的創新。

像素化的想法——將整體切割成無數的小點——其來已久。當我們將電子郵件副本（cc）寄給別人時，我們其實就是在仿製以前的複本。在19世紀及20世紀初期，人們會在兩張白紙的中間夾放一張黑色或藍色的複寫紙，接著在最上面的白紙上書寫或打字，複寫紙上的乾墨汁或顏料會印到最底層的紙上，以產生副本。複寫紙很容易弄髒白紙，用的時候很難保持清潔。

1950年代，發明家伯瑞特・格林（Barrett Green）和洛威爾・史奈齊（Lowell Schneicher）解決了這個問題。他們打破一整張紙的觀念，將整張紙劃分成幾百、幾千個小範圍，發明了微膠囊技術。如此一來，在紙張上書寫的時候，個別的墨水

膠囊會破掉，將下面的紙染成藍色[4]。雖然還是叫做複寫紙，但是格林和史奈齊創造了對使用者更友善的複寫紙：只要被鉛筆或打字機按鍵壓到，就會有墨水流出來。

幾十年後，影印技術終結了複寫紙的生命。但是格林和史奈齊的微膠囊技術還是被運用在延遲釋出的藥物以及液晶顯示器上。舉例來說，取代了實心藥丸，1960年代治療鼻塞的感冒藥康得（Contac）是一粒裝滿了六百顆「小型時間藥丸」的膠囊，可以隨著消化時間逐漸釋出。同樣的，現在的液晶螢幕（LCD）也不是一大片玻璃製成，而是幾百萬塞得緊緊的小水晶。以前認為是整體或是個別的東西，都可以被打破，成為更小的部分。

對我們而言，打破是如此自然，幾乎不會注意到我們運用在書寫和說話的各種方式。我們會削減文字，以加速溝通，例如將 gymnasium（健身房的希臘文，意思是裸體體能訓練）縮短為 gym（現在得穿著衣服了）[5]。我們會移除字母和字句，形成縮寫，例如 FBI（美國聯邦調查局）、CIA（美國中央情報局）、WHO（世界衛生組織）、EU（歐盟）和 UN（聯合國）。我們傳送簡訊時，會用 F2F 代表 face-to-face（面對面），OH 代表 overheard（聽說），BFN 代表 bye for now（再見）。

我們對這種縮寫感到如此自在，表示我們的腦子有多麼喜歡壓縮：我們擅長把東西打破，保留最好的碎片，卻仍然能夠理解內涵。這就是為什麼我們的語言充滿「提喻」

（synecdoche）——以部分代表整體。當我們談到「使千艘戰艦齊發的臉」（The face that launched a thousand ships），明顯指的是海倫的整體容貌，不只是她的臉（編註：此片語指希臘神話中引發特洛戰爭的美女海倫），但是我們把整體打破，只取其中一部分，卻仍然沒有失去原有的涵義。因此我們會用你的「車輪」來表示你的車子；我們會說「數人頭」代表數人數；求婚則是「請將妳的手交給我」；用「西裝」代表商人；用「灰鬍子」代表年紀大的主管。

　　同樣的壓縮也經常出現在人類一般的思維裡。看看法國馬賽（Marseilles）的這些雕像吧，這就是視覺上的提喻。

布魯諾・卡塔拉諾（Bruno Catalano）的《旅行》（*Les Voyageurs*）

　　一旦腦子明白可以打破整體，成為許多小的部分之後，新的特質就出現了。大衛・費雪（David Fisher）的「動力建築」

（Dynamic Architecture）打破建築物通常很堅硬的結構，用類似旋轉餐廳的馬達，讓每一層樓都能獨立轉動。展現出來的成果就是一棟能夠改變外貌的建築物。每個樓層可以分別轉動，或一起和諧地轉動，讓整座建築形成特殊形狀，為城市天際線創造一直改變的風貌。感謝我們的神經系統如此有才華，能夠打破整體，以前屬於一體的碎片得以自由表現。

正如動力建築，古典音樂裡的偉大創新之一就是打破樂句，變成更小的部分。例如巴哈（Johann Sebastian Bach）《十二平均律》（*The Well-Tempered Clavier*）中的《D大調賦格》（Fugue in D-Major）。以下是主旋律：

不用擔心你看不懂樂譜。這邊的重點是，巴哈在樂曲後面將

主旋律切成兩部分，他丟掉前一半，只專注於最後用紅色標示的四個音符。之後的樂曲中，這四個音符出現了十三次，彼此重疊，創造出快速又美麗的悠揚鑲嵌樂章。

這種打破給了像巴哈這樣的作曲家彈性，這在民俗歌曲例如催眠曲和民謠中都難以窺見。樂曲不再一直重複整個主旋律，而是讓碎片多次出現，放在一起，創造出類似《大國民》或《洛基第四集》的電影蒙太奇手法。有了這個創新的力量，巴哈的許多作品都會在引進主旋律之後，再將它打破。

往往，整體被打破之後，有些部分會被取出丟棄。科里·阿肯吉爾（Cory Arcangel）為了創作裝置藝術作品〈超級瑪利歐雲〉（*Super Mario Clouds*），他駭進電玩遊戲〈超級瑪利歐兄弟〉（*Super Mario Brothers*）的電腦程式，將所有的東西都拿掉，只留下白雲。再

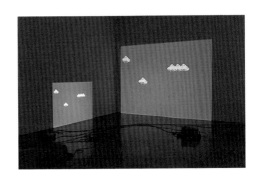

把白雲放映到大螢幕上。觀眾在展場移動，看著放大的卡通雲寧靜的在螢幕上飄動。

大腦忽視某些片段並保留其他東西的技巧，往往引領了技術創新。

十九世紀晚期，農夫想到用蒸氣引擎代替馬匹。第一代的拖拉機效果並不好。基本上，它們只是在街上跑的汽車，機器十分笨重，壓到了泥土，毀了農作物。將燃料從蒸氣換成瓦斯有一些幫助，但是拖拉機仍然很笨重，很難控制方向。

19世紀的蒸氣拖拉機

看起來，用機器犁田可能不是個好主意。然後哈利‧弗格森（Harry Ferguson）想到了一個點子：拿掉起落架和外殼，直接把駕駛座放在引擎上。他的「黑拖拉機」很輕，更有效率。

他保留了部分結構，丟掉多餘裝置，於是種下了現代拖拉機的種子[6]。

　　幾乎一百年後，「打破並丟掉一部分」的思維，改變了分享音樂的方式。1982年，一位德國教授想要為一套隨選客製的音樂系統申請專利，讓人通過電話訂購音樂。但是聲音檔太大了，德國專利局官員拒絕為這個不可能的發明發出許可。教授請一位年經的研究所學生卡爾漢茲·布蘭敦伯格（Karlheinz Brandenburg）壓縮檔案[7]。早期的壓縮用於人聲說話，而且只有一種模式，對待各種檔案都一視同仁。布蘭敦伯格發展出不同的模式，可以有彈性的對聲音做出反應，因此可以將壓縮工程應用在專門適合某種人類聽覺特質上。

　　布蘭敦伯格知道我們的腦子會選擇性傾聽：例如，大的聲音會遮蔽小的聲音，低頻聲音會遮蔽高頻聲音。以此知識為基礎，他可以消除或減低聽不到的音頻，卻不會犧牲品質。布蘭敦伯格的最大挑戰是蘇珊娜·維加（Suzanne Vega）錄的單曲〈湯姆的餐廳〉（Tom's Diner）。單曲中只有女性嗓音單獨唱歌和吟詠，需要幾百次努力，才獲得寶真度高的版本。經過好幾年的仔細微調，布蘭敦伯格和同事終於成功找到檔案最小化，保真度最大化之間的平衡。給耳朵聽到它需要聽的聲音，大幅減少錄音空間達到百分之九十之多。

　　一開始，布蘭敦伯格擔心他的公式是否有實用價值。但是幾年後數位音樂誕生了，將越多音樂擠進 iPod 裡越好。布蘭敦

伯格和同事打破聲音，丟掉不需要的頻率，發明了MP3的壓縮程式，支撐了網路上的大部分音樂。幾年之後，網路上有更多人搜尋MP3，超越了「性」這個最熱門的搜尋關鍵字了[8]。

我們經常發現，我們需要保留的資訊實際上比我們期待的更少。曼紐艾拉・威羅索（Mamuela Veloso）和他在卡內基梅隆大學（Carnegie Mellon）的同事發明CoBot的時候就發現這一點了。CoBot是機器人助手，專門穿梭於建築物的走廊跑腿辦事。團隊讓CoBot戴著感應器，感應眼前的立體空間。在實際的時間裡處理這麼多的資訊，會讓機器人身上的電腦因為超載而卡住。威羅索和她的團隊明白，CoBot不需要分析整個空間才看得到牆壁——它只需要在同一個平面上偵測到三個點就夠了。所以，雖然感應器輸入了大量數據，計算功能卻只用到其中一小部分，因此只需要用到電腦處理能力的十分之一。當計算發現同一個平面有三個點的時候，CoBot就知道面前有阻礙。正如MP3利用人腦不會注意到的聲音一樣，CoBot也不需要「看到」所有的感應器輸入。它的視覺只是很快的簡單速寫，但已經足以形成畫面，避免撞到障礙。在開放空間裡，CoBot會無所適從，但是它完全能夠適應建築物的內部空間。這個強悍的機器已經護送好幾百位訪客到威羅索的辦公室，這一切全都要感謝「將整體打破成小小部分」的思維，就像海倫的臉就足以送戰艦出航一樣。

打破整體並丟棄部分的技巧創造了新的方式來研究腦部。

長久以來，研究腦部組織的神經科學家都對腦部的迴路細節感到不解。它們深深埋藏在腦部深處，無法看到。科學家為了解決問題，把腦子切成很薄的切片（打破），然後創造每一個切片的影像，再仔細地拼湊起來，用數位模擬呈現整體腦部的結構。然而，切片時摧毀了太多神經連結，電腦模型頂多只是接近真實而已。

神經科學家卡爾‧戴塞羅斯（Karl Deisseroth）和鍾光恆（Kwanghun Chun）的團隊發現了另一個解決問題的方法：清晰法（CLARITY）。脂肪分子讓腦部成形，也可以讓光線擴散。研究者洗掉老鼠腦子裡的脂肪，同時保持完整的腦部結構。脂肪消失了，老鼠的灰質變成透明的。正如阿肯吉爾的〈超級瑪利歐雲〉一樣，拿掉原有的一部分，卻不再填滿它，於是有了清晰的腦部研究。在這個例子裡，空隙讓神經科學家以前所未有的方式研究眾多的神經元[9]。

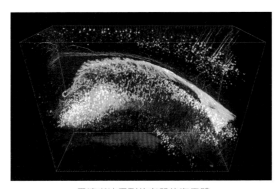

用清晰法看到的老鼠的海馬體

我們可以打破一個實體或持續不斷的東西，把它變成可以處理和管理的碎片。我們的腦子將世界分解，然後重建、重塑。

　　正如扭曲，打破也是從單一來源開始工作，我們可以將影像像素化，也可以轉動建築物的樓層。如果我們看到多於一個來源呢？許多創意上的躍進是由令人驚訝的融合構成的，無論是壽司披薩、船屋、洗衣房酒吧，或是詩人瑪莉安・摩爾（Marianne Moore）描述獅子是「兇猛的菊花頭」（ferocious chrysanthemum head）。現在，我們要來看看腦部創意的第三個主要策略。

混合
BLENDING

　　混合時，腦子以新意結合兩個或更多個源頭。世界各國都有混合人類和動物的創作，來作為神話生物的形象。古希臘將人與公牛混合起來，成為彌諾陶洛斯（Minotaur，編註：希臘神話中的牛頭人，專以人為食）。埃及人則用人和獅子合成人面獅身像（Sphinx）。在非洲，女人和魚合成為人魚（*mami wata*，編註：非洲海牛，是西非美人魚傳說的由來）。我們的頭殼底下發生了什麼魔法，才會產生這些嵌合體呢？將熟悉的概念進行新的組合。

腦子也把動物和動物結合在一起，希臘的飛馬（Pegasus）就擁有馬的身體和鳥的翅膀；南亞象頭神（Gajasimha）的身體一半是大象，一半是獅子；英國盾牌紋章上出現的驢駝（Allocamelus），是由一部分駱駝及一部分驢子所混合成的神話生物。比起古代神話，現代的超級英雄也不遑多讓：蝙蝠俠、蜘蛛人、蟻人、狼人等等。

　　科學也有如神話。基因教授藍迪・路易斯（Randy Lewis）知道蜘蛛絲有很大的商業潛力：它比鋼鐵還強壯數倍[1]。如果可以大量生產蜘蛛絲，就可以編織出超級輕巧的防彈背心了。但是我們很難畜養蜘蛛。當蜘蛛密集養育時，牠們會把彼此當作食物吃掉。並且，從蜘蛛那裡收集蜘蛛絲是非常困難的任務：82個人和100萬隻蜘蛛努力了好幾年，才獲得足夠的蜘蛛絲織出一片44平方英尺的布[2]。之後，路易斯有了創新的點子：將蜘蛛負責生產蜘蛛絲的基因放進山羊身體裡。結果產生了一隻名叫雀斑（Freckles）的蜘蛛羊。雀斑看起來像山羊，但是分泌的羊奶裡有蜘蛛絲。路易斯和團隊擠出羊奶後，在實驗室提煉出蜘蛛絲[3]。

　　基因工程為製造實體的嵌合體打開了大門。我們不但有了蜘蛛羊，還有產生人類胰島素的細菌，帶著水母基因而發出螢光的魚和豬，以及世界上第一隻複製狗——辣皮（Ruppy）。辣皮能在黑暗中發出螢光，其螢光基因來自一種海葵。

白天和黑夜裡的小狗——辣皮

我們的神經網路擅長將大自然的知識編織起來。藝術家喬里斯．拉爾曼（Joris Laarman）用軟體模擬人體骨骼的發育，以建造他的「骨骼傢俱」。就像骨頭結構已達到了最佳骨質分布般，拉爾曼的傢俱在需要承載重量的地方會有更密實的材料。

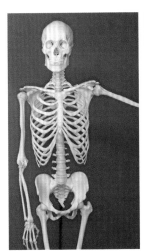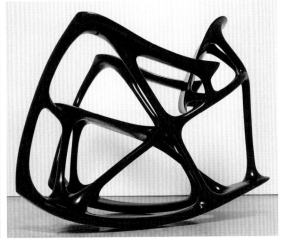

同樣地，日本工程師中津英治（Eiji Nakatsu）從混合大自然的設計中看到解決苦惱問題的方法。在1990年代，他參與了子彈列車的設計，以節省交通時間。但是原本設計的列車存在天

生缺陷：當列車高速行進時，平頭的引擎車頭會產生震耳欲聾的噪音。中津英治開暇時喜愛賞鳥，他觀察到翠鳥的錐形鳥喙讓牠潛入水中時幾乎不會引起任何漣漪。中津英治為子彈列車想出來的解決方法就是讓車頭像鳥喙的形狀。車頭的鳥喙降低了火車的噪音，開到時速200英里也沒問題了。

腦子往往將看過的東西用奇異新穎的方式結合。例如，在奇特拉‧哥尼許（Chitra Ganesh）和西蒙‧里（Simone Leigh）的影片中，女人溫柔呼吸的軀體結合了一堆沒有生命的石頭。

奇特拉‧哥尼許和西蒙‧里的〈我的夢和我的工作都要等到地獄之後〉
（My dreams, my works must wait till after hell）

乍看之下，混合生命和無生命的東西似乎只適用於藝術創作，但其實也可以解決這個世界開始有裂紋的建築和道路的問題。世界上有一半的建築——道路、橋樑、高樓——都是用水泥建造，而水泥受到風吹雨打，很容易變得脆弱，非常難以修復。為了這個問題，化學家轉而向大自然求解。他們在水泥裡加入某種細菌，以及細菌最喜歡吃的食物。如果水泥沒有受損，細菌就一直保持冬眠。如果水泥有了裂縫，細菌就活了過來。細菌會吃已經準備好的食物，生長、繁殖，釋放方解石，

封住裂縫。感謝這個獨特的微生物混合技術，水泥有了自癒的能力[4]。

同樣的脈絡下，我們的神經網路也擅長混合數位世界和我們的實體世界。電腦的計算能力可能超過了人類，但是有些對人類而言很簡單的技巧，對電腦來說卻相當困難。其中之一就是辨認人臉的技巧。兒童都能夠辨認人臉，以前的電腦卻不會。

為什麼？對電腦而言，數位照片只不過是一堆色相不同、強度不同的像素。電腦需要學習更高階的模式，才能辨認照片內容，而且要用到幾百萬個例子才能做得到。2000年早期，這個問題非常顯著，因為全球開始上傳幾十億的照片到網路上。谷

歌公司（Google）想要找到自動標示照片的方法，但是，一試再試之後，仍然無法找出計算公式。

一位叫做路易斯・馮・安（Luis von Ahm）的學者，藉由將機器和人類連結起來而解決上述的問題。他發明了ESP遊戲，其規則如下：來自世界任何地方的兩個人上網進到網站，並看一張照片，要求他們提供描述這張照片的文字。當兩人都提出同樣的字時（例如：豹），電腦就認為這是沒有偏見的確定字眼，並將這個字用來標籤這張照片。兩人一直玩這個遊戲，可能可以得到好幾個同樣的字，於是這張照片就有一些標籤（例如：森林、動物、爪子、樹、休息）。人類負責指認，電腦負責記錄。人或電腦單方面都無法解決問題，無法幫幾百萬張照片貼標籤。但是人和電腦一起合作，成為網路上主要提供影像標籤的方法[5]。

我們對混合的偏好，可以從啟發我們將現在與未來融合的方式中看出。電影《回到未來》（*Back to the Future*）裡，主角馬蒂・麥佛萊（Marty McFly）時光旅行回到30年前，意外地讓他的父母無法遇見彼此，從而干擾了他自己的出生。在馬克・吐溫寫的《亞瑟王宮裡的康乃狄克北佬》（*A Connecticut Yankee in King Arthur's Court*）裡，漢克・摩根（Hank Morgan）不經意地被傳送到中古世紀，他的先進知識被當時的人們視為巫術。在雷・布萊伯利（Ray Bradbury）的短篇故事〈雷聲〉（*A Sound of Thunder*）裡，一位獵人時光旅行到了

侏羅紀，那時根本還沒有人類出現呢。他意外地踩到了一隻蝴蝶，並因此改變了未來。不同時代的特質毫無違和地和我們的想像力合而為一。

大腦對混合各種不同概念的喜好反映在我們的溝通方式。語言中有很多混合不同單字的複合字，例如英文中的**彩虹**（rainbow）、**眼影**（eyeshadow）、**智囊團**（braintrust）、**迷戀對象**（heartthrob）、**報紙**（newspaper）、凍傷（frostbite）和**心靈伴侶**（soulmate）。有幾部描寫世界末日的電影，片名都在玩文字混合的遊戲：發生在洛杉磯的末日電影名稱為「惡煞車手」（Carmageddon）、發生在北京的稱為「絕世天劫」（Airmageddon）、發生在龍捲風地帶的世界末日電影稱為「末日襲擊」（Stormaggedon）。英國倫敦工人階級使用的俚語喜歡押韻，單字可能會被熟悉的短句取代，而且還要與原來的單字押韻。例如：「小心警衛。」（Watch out for the guard.）變成「小心聖誕卡片。」（Watch out for the Christmas Card.）；「我跟一位小姐有約」（I've got a date with the missus.）變成「我和乳酪及親吻有約。」（I've got a date with cheese and kisses.）[6]

隱喻也是來自於我們喜愛的混合。艾略特（T. S. Eliot）曾寫到：當黃昏鋪滿天空（*When the evening is spread out against the sky*）／像病人麻醉了躺在桌上，因為他的神經網路將大自然現象和醫院景象混合在一起。馬丁路德‧金恩（Martin

Luther King Jr.）在〈從伯明罕監獄發出的信〉（Letter from Birmingham Jail）中，透過混合音樂、地理和氣象學的詞彙，來描繪他心目中的新社會：

> 現在是時候實踐民主了，把我們即將到來的國家輓歌變成有創意的兄弟聖詩。現在是時候了，從種族不平等的流沙中高舉我們的國家政策，讓它成為人類尊嚴的堅硬磐石⋯⋯讓我們都懷抱希望，種族歧視的黑暗烏雲將很快地成為過去，誤解的濃霧將會從我們充滿恐懼的社區消失。在不那麼遙遠的明天，愛與兄弟之情的明亮星辰將帶著它們閃耀無比的美麗，照耀我們偉大的國家。[7]

克里奧爾語（Creole）指的是不同語言混合後所創造出的語言（譯註：世界各地因為不同族群混居，而產生用數種不同語言混合而成的語言）。最近，語言學家研究兒童發明的一種新的克里奧爾語。在澳洲的一個鄉下村落，成人通常會說三種語言：哇爾匹利語（*Warlpiri*，原本的族語）、克里奧爾語（*Kriol*，根據英語產生），以及英語。父母會對嬰兒自由切換地說這三種語言。兒童接收了父母的混合語言，成為他們的母語，創造屬於自己的句法。結果就是輕的哇爾匹利語（Light Warlpiri），一種新的語言，包括和原本語言不同的創新詞彙：例如，新的詞 *you'm* 指現在和過去的人，但不包括未來的人。這個詞並不存在於父母的詞彙裡。兒童的大腦根據他們的自身經驗，重新創造出新的材料，村子裡的語言不斷演化，傳

統語言裡慢慢地加入了混合過的版本[8]。

　　人腦經常將許多源頭混合到一起去。在中古世紀，歐洲作曲家創造歌曲時，經常讓不同的歌詞同時被唱出來，連語言都可能不同。一個有名的曲子結合了拉丁文的垂憐經（*Kyrie*）和兩種世俗法文的歌詞。第一人聲唱著聖詩，第二人聲唱著「五月的真愛」（true love in the morth of May），第三人聲警告重婚的人：「抱怨自己吧，不要抱怨教宗」（to complain about themselves,not against the Pope）。快轉500年後，嘻哈音樂仍然經常混合不同音樂來源──將以前歌曲的歌詞、旋律、副歌重新編排或混合在一起，創造新的歌曲。例如，1992年，德瑞（Dr. Dre）大受歡迎的〈讓我騎〉（*Let Me Ride*）混合了詹姆斯·布朗（James Brown）的鼓聲模式、國會放克樂團（Parliament）的人聲以及金·泰（King Tee）的音效[9]。單一的副歌旋律可以穿越音樂文化：1960年代，溫斯頓樂團（The Winstons）的一段鼓聲獨奏被混合進一千多首歌裡面，從艾美·懷絲（Amy Winehouse）到傑斯（Jay Z）都用過[10]。

　　科技在幕後的混合常常可以創造跳躍式的改變。正常來說，照相是用單一的光圈設定，讓定量的光線進入相機。結果就是照片有些部分曝光不足，有些地方又過度曝光。如果你在窗前幫你的母親拍照，射進來的光線會讓她的臉部顯得晦暗。高動態範圍成像（High dynamic range, HDR）的攝影則可以讓照片中的一切影像都看起來有正確的對比。這是如何做到的呢？數

位相機非常快速地拍一連串照片，每張的快門設定都不同，讓不同份量的光線進入相機。現在有了一整套照片，有些曝光不足，有些過度曝光，以及介於二者之間。然後，軟體會混合這些照片，讓每個部分達到最佳對比——也就是讓周圍的物件彼此看起來不同。最終產生的照片就是由不同照片混合起來的結果，顯得比真實景物還更為真實。這全要感謝我們看不見的、不同曝光的混合。

　　大數據可以導致大混合。當你在谷歌翻譯軟體打一段話，電腦並不會試著理解你打出來的內容，而是將你打的字和大數據庫中既有的翻譯文字比對，一個字一個字、一句話一句話的找出最接近的意思。因此，軟體不需要字典。翻譯成為了統計

的結果。電腦對你說的話沒有感覺，只是將你的文字當作其他文字拼圖的一部分。文藝復興時期的複音音樂（polyphony）中，我們還可以聽到歌詞的混合；谷歌翻譯則發生在我們看不見的隱蔽處。

有時，兩個源頭混合得很明顯，有時則難以辨別：源頭可以混合到無法分辨的地步。明顯混合的例子就是貝聿銘（I. M. Pei）將埃及金字塔放在羅浮宮庭院裡，以及芙烈達‧卡蘿（Frida Kaylo）將自己的臉放在受傷的野鹿身體上。

混合得更徹底一點的例子則是藝術家克雷格‧瓦許（Craig Walsh）將人臉投射到樹上，以及伊莉莎白‧迪勒（Elizabeth Diller）和理查多‧史考菲迪歐（Ricardo Scofidio）的〈模糊的建築〉（*Blur Building*）——一半建築、一半雲霧，幾千個水柱產生了雲霧般的牆面。

　　在巴西海灘上，也可以看到同樣程度的混合。把足球和排球混合到一起，就會得到一項受歡迎的新運動：足排（*futevolei*）。在沙灘排球的場地踢足球，正如足球規則一樣，除了手之外，球員可以用身體的任何部位碰球。也如排球規則一般，球員將球打到對面，直到球落到對手方的地上，就能獲得一分。排球的扣殺被稱為「鯊魚攻擊」──一個球員將一條腿高高舉起，將球猛烈踢過網。

　　混合的另一個極端則是完全無法分辨源頭了。例如，我們很難看出賈斯伯‧強斯的〈0到9〉（*0 Through 9*）裡面彼此重疊的數字。

徹底混合的策略導致人類文明的大躍進。幾乎 1 萬年前，美索布達米亞的定居者開始挖銅礦。幾千年後，他們的子孫也開始挖錫礦。兩種金屬都不硬，但是混合起來之後，成為青銅合金，比鍛鐵還硬。西元前 2500 年左右，出現最早刻意混合的證據：這個時期的青銅製

品裡，錫的成分比例大於大自然銅礦裡的錫。青銅時代來臨：將銅和錫混合起來，成為武器、盔甲、銅幣、雕塑和罐子的最佳材料。青銅是混合的產物，卻完全看不到原來的源頭：我們很難看得出來，原本的兩種軟金屬放在一起，可以製造出耐用且閃亮亮的合金[11]。

就像青銅合金一樣，合成物、藥酒、藥水和長生不老藥也都是完全混合的產物。1920 年，香水設計師恩尼斯·鮑（Ernest Beaux）混合了十幾種自然香精，包括玫瑰、茉莉、佛手柑、檸檬、香草、檀香和首度使用的人工香精——醛。他把不同比例的配方放在瓶子裡，請老闆香奈兒（Coco Chanel）挑出她最

喜歡的香味。她聞了一輪後選了第五瓶——世界上最有名的香水「香奈兒五號」（Chanel N°5）於焉誕生。

　　腦子總是在品味著經驗倉庫裡的資料，常常從沒有關聯的事物中找出連結。美國進入第二次世界大戰時，插畫家諾曼‧洛克威爾（Norman Rockwell）取材現代工業、女權日益提升的女性、米開朗基羅（Michelangelo）畫的先知以賽亞（Isaiah），創造了一個新的角色：鉚釘女工（Rosie the Riveter）。認知科學家馬克‧特納（Mark Turner）寫到：「人類思考延伸超越巨大的時間、空間、因果關係和媒介……人類思考能夠跨越這一切，看到它們之間的連結，然後加以混合。」[12]

　　大部份時候，我們並不知道腦殼裡正在進行混合，但是知識一直在互相影響，形成新的技術。例如，微流控芯片技術（microlfuidics）是醫學診斷的基石：在特殊設計的容器裡，血

液樣本分流到小的空腔中，在每個空腔裡測試不同的病原是否存在。很不幸的，容器的製造過程很昂貴，又很花時間。除了已開發國家之外，別的國家都沒有辦法負擔這個設備。生物醫學工程師蜜雪兒‧坎（Michelle Khine）和她的團隊為了尋找負擔得起的替代品，想出了一個令人驚訝的解決方法：熱縮珠寶（Shrinky Dinks）。這種玩具塑膠片經過預熱而延展，兒童可以在上面畫畫。再度加熱後，塑膠片會縮回原來的大小，將畫變成很小一張。坎的團隊用雷射列印和烤吐司機，在塑膠片上做出空腔，加熱，縮成可以使用的微流控芯片。一張只要幾分美金，將便宜的玩具變成了血液檢驗的設備。

愛因斯坦研究相對論時，他想像站在電梯裡會是什麼光景。如果電梯在地表上，地心引力會讓放手的球落到電梯地板上。如果是在無重力的外太空，而電梯正在往上升呢？球也會落在電梯地板上，因為電梯地板正在迎上前去。愛因斯坦明白了，我們其實無法分辨這兩種狀況：無法分辨球落下來是因為地心引力或電梯加速。他的「等效原理」（equivalence principle）顯示，地心引力也可以被視為某種加速。他把電梯和天堂混合到一起的時候，獲得了對於現實本質的意外洞見。

將不同的思考線用新的方式混合在一起，成為創新的強烈驅力。雖然動物界經由「性」的混合達到多元化，但仍然限於遺傳序位類似並同時都活著的夥伴。相對的，個人的大腦有非常多的記憶與感知，可以毫無限制地混合各種想法。

第六章

活在蜂窩裡

　　當美國太空總署工程師將阿波羅十三號的電流反過來，以重新為指揮艙電池充電時，他們就是在扭曲；當畢卡索將〈亞維農的少女〉畫作裡的人加以包覆時，是在混合。工程師拆開設備，是在打破；畢卡索則是將視覺平面打破。工程師用膠帶將瓦楞紙、塑膠、襪子和水管綁在一起，做成空氣過濾器時，是在混合；畢卡索將伊比利亞面具和非洲面具放進作品中時也是一種混合。工程師和藝術家用的材料不同，但是用相同方式創新：扭曲、打破和混合既有事物。結果就是創造了歷史，工程師進行了大膽的救援任務，藝術家創造了突破性的藝術作品。

　　扭曲、打破和混合都是我們腦子用的工具，將經驗轉化為新的輸出，成為發明的基礎。我們每天參與的世界在各方面都提供了材料：語言的句子、即興音樂、玩具、照片、令人眼界

大開的概念、以及我們累積的每一個記憶。我們把扭曲、打破和混合交織在一起，人類大腦將經驗拆解，再融合成為新的形式。從這些曲折的推衍、重組和融合的枝幹中，我們的文明就此開花結果。

但是還有另一個層面：人腦經常產生太多的新點子，大部分不會成真。為什麼這麼多有創意的點子無法進入社會的血脈之中呢？

文化決定我們的去向

不是所有的創意點子都會找到觀眾。如果單單只是扭曲、打破和混合，並不保證觀眾會欣賞最後的作品。創造只是故事的一半，另一半是作品落到了哪裡。光是創新不夠，也需要和社會產生共鳴。作者喬伊斯・卡蘿・奧茲將寫小說描述為一種「用文字做成的大規模、愉快的實驗，然後交給同儕判斷好壞。」同儕對實驗會有何反應，端看其所處文化而定：任何社會重視的創作都依賴之前的創作。想像力的產品會受到地方歷史的驅動。

舉例來說，你覺得什麼事物有創意、有趣，要看你住在哪裡而定。17世紀法國劇作家贊成亞里斯多德（Aristotle）的主張，戲劇要用到三個元素：一個情節主軸、發生在單一地點、在一天之中發生。近代英國劇作家例如莎士比亞知道這個傳

統，但卻選擇忽視——有一幕劇情是哈姆雷特（Hamlet）離開丹麥，到了英國；下一幕他又回到了丹麥，卻已是幾週之後。同時期，日本能劇並不反映現實的空間與時間：舞台上兩個角色肩並肩站在一起，但是彼此又不在對方的眼前[1]。在倫敦和東京上演的戲劇不會在巴黎上演，因為文化差異太大了。創作者和公眾都受到文化限制。出現在一個地方的點子不見得能夠轉移到另一個地方，因為文化背景不同，民眾無法消化。

　　同樣地，好幾個世紀以來，法國和英國對於景觀設計都存有不同看法。17世紀和18世紀的法國花園有明顯的中心軸和兩側對稱，非常精緻和皇宮一樣建構嚴謹。同時，英國花園則有彎曲的環繞小徑，以及四處自由奔放的綠意。英國人將花園刻意設計成沒有秩序的自然景觀。能人布朗（Capability Brown）是18世紀最有地位的景觀設計師，他將設計的花園比喻為一首詩：「我在這裡放個逗點。那裡需要遮蔽景觀時，我放個分號。我在這裡放個句號，結束詩句，開始另一個主題。」（Here I put a comma. There, when it's necessary to cut the vies, I put a parenthesis. There I end it with a period and start on another theme.）[2]自由體的風格永遠沒有獲得他的法國同事的認可。

法國凡爾賽宮的花園以及能人布朗設計的英國花園

　　同樣的，18世紀和19世紀的維也納（Vienna）有許多激進的作曲家。海頓（Haydn）、莫札特（Mozart）、貝多芬（Beethoven）和舒伯特（Schubert）全都住在那裡，並在那裡工作。雖然他們勇於冒險，卻沒有一首曲子要求音樂家演奏得稍稍不和諧一些，或是用長的靜默打斷樂曲，或用呼氣表達樂句，或讓節奏消退、流動——在半個地球遠的日本皇室的雅樂中，這些元素都出現了。縱然西方作曲家充滿想像力，卻仍然只能在自身文化的狹窄空間中流動。

　　當時的歐洲芭蕾崇尚優雅、看似無需努力的輕盈動作：舞者跳躍時，看起來就像在空中短暫飄浮，臉上不帶一絲情緒。相對的，當代印度舞蹈仍然留在地面層，身體動作用力且扭曲，頭部和手腳動作迅速。印度舞者光靠臉部表情和身體姿勢的改變，就可以在同一支舞裡轉換造物者沙克蒂（Shakti）和破壞者濕婆神（Shiva）兩者不同的身份。歐洲古典芭蕾無法想像

這種雙重身分的轉換。雖然我們可以想像創意是無限的，但是我們的大腦和大腦的輸出都受限於我們的社會脈絡。

不只是藝術受到文化限制，甚至科學真相在不同地方都可能受到不同的對待。第二次世界大戰時，美國歡迎逃離納粹德國的科學家移民到美國，其中包括愛因斯坦、伊拉德（Szilard）、泰勒（Teller）和一小群創造了第一顆原子彈並因此終結戰爭的科學家。其實，納粹早美國一步開始製造原子彈，並擁有聰明的科學家，例如維爾納・海森堡（Werner Heisenberg）。為什麼納粹沒有贏得核子競爭呢？文化特色扮演了舉足輕重的角色。即使愛因斯坦的名聲在自由世界逐漸為人所知，有幾位愛國的德國科學家刻意忽視他的理論，認為那是「猶太科學」（Jewish Science），不值得認真追究[3]。誹謗者之一是德國諾貝爾獎得主菲利浦・勒納德（Philipp Lenard）。他宣稱愛因斯坦的理論「永遠不可能是真的」。勒納德認為猶太科學的目的就是顛覆、困惑和誤導德國人。因為這些成見，納粹和美國人對於科學真相的理解大相逕庭[4]。

不只理論，發明也因為創作的地點不同而有不同的命運。二次世界大戰之後，有兩個團隊同時發明了同樣的尖端科技。在美國紐澤西（New Jersey）的貝爾實驗室（Bell Labs）裡，工程師成功發明了一種小的設備，比當時使用的真空管更有效地擴大電流訊號，他們將之稱為電晶體（transistor）。同時，巴黎近郊小村落裡的威斯汀豪斯實驗室（Westinghouse labs）裡，

兩位前納粹科學家也創造了幾乎一模一樣的設備，稱為跨導管（transitron）。貝爾實驗室申請了美國專利，威斯汀豪斯申請了法國的專利。一開始，法國人看起來似乎領先了，他們的設備品質比美國的好。但是這個優勢迅速消失。跨導管在巴黎並沒有得到共鳴：政府官員沒有興趣，將資源重新部署，經費給了核子能源的研究[5]。這時，貝爾實驗室的電晶體變得越來越可靠，也更容易製造，結果被運用在可攜式無線電設備上。在那個世代，電晶體和電子設備劃上了等號，最終成為數位革命的基礎。位於美國的發明家可以好好運用自己的發明，並且因此定義了未來的數十年；而在大西洋的另一端，跨導管卻無疾而終了。

不只是你住在**哪裡**，你活在**哪個時代**也大有關係。文化會不斷演變，口味和態度也會改變。以莎士比亞的《李爾王》（*King Lear*）為例，此劇的結局是李爾王在女兒科迪莉亞（Cordelia）被絞死之後，跪在鍾愛女兒已無氣息的身體旁，痛苦呼喊：「為什麼狗、馬和老鼠都有生命，妳卻已經無法呼吸了呢？」在莎士比亞之後，才過了幾個世代，納亨・泰特（Nahum Tate）將《李爾王》改編成快樂的結局，讓劇本結局合乎王政復辟時期英國的藝術和文化標準，包括需要有詩意的正義。在新版本中，科迪莉亞活下來了，真理和美德獲勝，李爾王重返王座，就像是查理二世（Charles II）重獲政權一樣[6]。有超過一個世紀之久，泰特的劇本比莎士比亞的劇本受到更大

的歡迎。此外，麗蓮・海爾曼（Lillian Hellman）寫的劇本《雙姝怨》（*The Children's Hour*）裡，敘述兩位老師被控以女同性戀罪名的故事。1930年代，這個劇本被拍成電影。為了符合當時的社會風氣，她們之間的戀情被改寫成異性戀。幾十年之後，同一位導演威廉・威勒（William Wyler）重拍這部電影，由於當下已經沒有道德禁忌的問題，原本的版本才得以重現。

和劇本及電影一樣，歷史的時間點也會影響科學發展。我們現在認為不可或缺的諸多科學方法裡的元素——實驗、發表結果、詳細描述方法、複製、同儕審核——都是在17世紀末期，英國內戰結束之後才出現的。之前，自然科學並沒有經過實驗檢驗，而是倚賴個人體悟和理論猜測。科學數據不那麼重要，視野和洞見才是重點。內戰結束後，科學家想要設法合作，以造福國家。化學家羅伯特・波伊爾（Robert Boyle）認為，實驗提供的有形證據比較可以產生共識。但是，他的方法受到嚴厲對抗，尤其是哲學家湯瑪斯・赫伯斯（Thomas Hobbes）。赫伯斯認為，由委員會的一群人做出的決定並不可靠，很容易受到操控。他特別不信任佔據科學界的菁英階級[7]。

波伊爾的實驗方法最後勝出，不只是因為科學價值，也是因為符合了當時的需要。1688年的革命推翻了皇室的絕對權力，並以國會權力取而代之。在這個民主脈絡中，波伊爾的實驗方法興盛了起來：強調整體調查，讓科學也達到民主化。此前，

當國王擁有全部權力時，可能單一科學家就能做出有影響力的結論。現在國會掌權，人民科學家也可以發聲了[8]。「尋找真相」是如此基本的事情，卻還是受到了文化脈絡的影響。

正因為歷史脈絡的因素，創新有其獨特的誕生時機。在歷史的時間軸上，充滿了之前的人很可能想到的創新——所有的元素都已經存在了——但是沒有人想到。讓我們看看海明威在〈白象山丘〉（Hills Like White Elephants）裡寫的一段文字，很明顯地是一個男人和一個女人在討論墮胎：

　　男人說：「啤酒很好喝，很涼。」

　　女孩說：「是很棒。」

　　男人說：「吉格，就是很簡單的手術罷了。」「其實根本
　　　　　　不算是手術。」

　　女孩看著桌腳的地上。

　　「我知道妳不會在意的，吉格。真的沒什麼。只是讓風進
　　　　去而已。」

　　女孩什麼都沒說。

　　「我陪妳去，從頭到尾都陪著妳。他們只是讓風進去，一
　　　　切都再自然不過了。」

　　「那之後我們會怎麼樣？」

　　「之後我們會好好的。就像我們之前那樣。」[9]

這一段裡的每一句都使用很簡單的英文。100年前的作家也可以這樣寫作，但是他們沒有。以前的作家用不同的方式表

達。讓我們看看 100 年前，詹姆士‧菲尼莫爾‧庫柏（James Fenimore Cooper）寫的《拓荒者》（*The Pioneers*）裡的對話：

> 法官說：「看到我們國家如此奢華遍佈，令我哀傷。拓荒者以僅有的一切掙扎度日，而成功的冒險家卻揮霍浪費。你也不能免於審查，克比，因為你在樹上造成這些可怕的傷痕，而些微的割傷也能影響它們。我熱切懇求你記得它們已經活了幾百年了，當一棵樹消失了，剩下的還是看不到任何補救措施。」[10]

海明威筆下角色言簡意賅，整段對話沒有多少字數。雖然海明威和庫柏用類似的詞彙寫作，但是他的文字卻無法反向相容：對於 19 世紀的讀者而言，海明威的文字會過於間接而稀疏了。

同樣的，1961 年厄爾‧布朗（Earle Brown）創作〈可用形式一〉（*Available Forms I*）時，他所需要的一切元素，19 世紀的作曲家，例如貝多芬，手上也都有：符號、樂器、西方曲調。但是之前的時代卻沒有作曲家寫得出這種音樂：樂譜放置於寫了號碼的箱子，指揮家即興指揮某一位演奏家，彈奏某一個箱子裡的樂音，指揮著他們進進出出。因為充滿變化與彈性，演奏〈可用形式一〉時從來不會一模一樣。19 世紀西方音樂界認為，音樂是仔細組織、統合的行為，每一次聽都應該是一樣的。那個時代的作曲家在技術上可以寫出類似〈可用形式一〉的曲子，但是那會和文化常態相距甚遠，因此，無論是創作者

或觀眾都無法看到這個可能性。

　　因為每個地方的歷史特質不同，會對當地出產的作品有不同的影響與限制。即使創意工作意圖達到永恆，但是基本上還是得倚賴它的環境。

公眾實驗室的實驗

　　1826 年 3 月，貝多芬坐在維也納住家對面的酒吧裡等待。他最近寫的弦樂四重奏才剛剛首演。這時的他已經完全聾了，無法聽演奏會，但是他沒有去參加首演的真正原因是他很緊張，不知道觀眾對最後的樂章會有何反應。貝多芬將之稱為〈大賦格〉（*Grosse Fuge*）。全長 17 分鐘，是史上最長的末章，和許多完整的弦樂四重奏一樣長。在同一個樂章中，他放入開始的快板、優雅的慢板、舞蹈似的間奏以及輕快活躍的結尾。〈大賦格〉等於是一首完整而小形的、四個樂章的弦樂四重奏。不但如此，結尾是貝多芬那個時代的觀眾未曾聽過的複雜樂音與旋律。在已經非常長的四重奏的最後放上如此有難度的終結，貝多芬知道，他對觀眾的期待可能太高了。

　　貝多芬卡在常見的創作困境中：呈現作品時，無法保證作品會成功。創意天生就是一種社交行為，是在公眾實驗室裡做的實驗。新作品在文化脈絡中受到評價，公眾是否能夠接受要看之前的作品，以及新作品與創作家譜上的舊作距離遠近而定。

我們一直在試著判斷，是要緊緊跟隨社群標準，或是往前邁進。我們永遠在尋找熟悉和新意之間最美妙的那個平衡點。

寫了如此冒險的樂章，貝多芬等於是對創新下了賭注。所以，他坐在酒吧裡，等待朋友——樂團第二小提琴家赫茲（Holz），告訴他觀眾的反應。赫茲終於到了，很興奮地告訴貝多芬四重奏極為成功。觀眾要求他們重奏中間的樂章。貝多芬受到鼓舞。然後他問起〈大賦格〉。很不幸地，赫茲告訴他，沒有觀眾要求重奏最後的樂章。貝多芬非常失望，脫口詛咒觀眾，說他們都是「牛和驢子」。還說〈大賦格〉是整組四重奏中唯一值得重奏的曲子[11]。

貝多芬的實驗離社群標準太遠了。首演後，一位樂評家認為最後的樂章「像中文一樣無法理解」[12]。即使是貝多芬最強的崇拜者也覺得無法理解這個曲子。他的發行商擔心對最後樂章的爭執會讓大家不喜歡整個樂曲。於是，發行商請赫茲向貝多芬建議：刪掉〈大賦格〉，另外寫一個終章。赫茲寫道：

> 我告訴貝多芬，這個賦格和一般的賦格不同，甚至超越了過去所有的四重奏，非常獨創，應該另外獨立出版。……我告訴他（出版商）願意額外付費，讓他另外寫最後的樂章。
> 貝多芬告訴我，他會想一想。

大家都知道，貝多芬一向不太理會表演者表演能力或觀眾的鑑賞能力，但是這一次，非常不像他的平日作風，他竟然同意了出版商的提議[13]。面對令他失望的結果，貝多芬和出版商

妥協了：他回到工作室，寫了一個抒情的最終樂章，比〈大賦格〉更溫和、更甜美，而且只有三分之一的長度。沒有文件顯示他合作妥協的動機，但這仍是創意的衝動與接受作品的群間協商妥協的驚人例子。

待得太近而被忽視

貝多芬的困境不斷出現：創作熟悉的作品，或是創作打破窠臼的新作品？創作者在二者之間尋找那個甜美的平衡點，有時會偏向熟悉一些，這樣看起來比較安全，因為是建構在社群已經知道並喜愛的基礎上。但是移動太慢的危機就是：觀眾可能丟下你，繼續往前進了。

讓我們看看黑莓機。2003年，RIM科技公司的第一代黑莓機上市。主要的創新是完整的鍵盤，不但可以接電話，也可以回覆電子郵件。到了2007年，黑莓機非常成功，公司股票漲了80倍。RIM成為科技業最熱門的公司。同一年，蘋果的第一代iPhone上市。黑莓機的市場佔有率和股票價值仍然持續上升了一陣子，達到新高，但是大眾的注意力開始轉向觸碰螢幕。反觀黑莓機仍然固守原有設計。他們希望iPhone只是一時流行而已。幾年內，RIM公司的市場佔有率下降了百分之七十五，股票價格從138美元掉到6.30美元。

黑莓機錯在哪裡？他們抓住了正解，卻堅持得太久，低估了

電話這麼快就演化成為多媒體設備的趨勢。黑莓機的鍵盤限制了螢幕大小，降低了看電影、使用應用程式的樂趣。2007年有效的策略在幾年後失去優勢。階段性的策略失敗了，公司往前走得不夠遠。

柯達公司（Kodak）也遇到了同樣的命運。1885年，喬治・伊士曼（George Eastman）發明了第一卷可捲式底片。到了1970年代中期，伊士曼控制了美國百分之九十的底片市場，以及百分之八十五的相機市場。市場佔有率極為驚人。美國境內的10張照片裡，有九張都是「柯達時刻」（Kodak moments）。等到數位時代來臨，柯達公司過於擔心會影響底片銷售，對於數位科技的反應太慢了。雖然柯達推出了自己的數位相機，卻未能預見新科技將會取代化學的沖洗底片。2012年，創建照相工業的柯達公司申請破產。

一次又一次地，當初勇敢做出大跳躍的公司，卻因為無法持續適應時代的變化，而被拋在後面。2000年，如果你想在家看電影，你會像其他的幾百萬人一樣，去住家附近的百視達（Blockbuster）租錄影帶。百視達是由一位電腦程式設計師開創的，首先創立了追蹤軟體，監控租用記錄，確定架子上總是有最受歡迎的影片。最高峰時期，百視達在全世界擁有超過一萬一千家店面。但是寬頻出現了，可以將影片直接輸送到家裡。百事達沒有對寬頻迅速作出反應。2014年，美國最後一家百事達關門了。去店裡租電影成為歷史。就像黑莓機和柯達，

百視達也抓著正確的答案太久了。

這些公司的前任職員可以告訴你，有時候，緊緊追隨過去的成功還不夠——必須大跳躍才能抓住公眾的想像力，就像是電燈取代瓦斯燈、汽車取代馬車、有聲電影取代默片、電晶體取代真空管、桌上型電腦取代主機。

聽起來，關鍵是破壞、分裂。但是這個激進的策略就和移動太緩慢一樣，也非常容易擱淺。

走得太遠而無人追隨

從1865年到二次世界大戰開始之前，有幾百組人馬嘗試創造世界語言。他們的目標是建構一個「完美」的語言，容易學習，消除母語的困難。許多名人發聲支持，包括伊蓮娜‧羅斯福（Eleanor Roosevelt，編註：美國第32任富蘭克林‧羅斯福總統的夫人，二戰後出任美國首任聯合國大使，並為〈世界人權宣言〉的起草人之一）。他們相信共通的語言可以提倡世界和平。各種世界語言冒了出來，名稱包括Auli、Espido、Esperido、Europal、Europeo、Geoglot、Globaqo、Glosa、Hom-Idyomo、Ido、Ilo、Interlingua、Ispirantu、Latino sine Flexione、Mundelingva、Mondilingvo、Mondlingu、Novial、Occidental、Perfectsprache、Simplo、Ulla、Universalglot 和 Volapük[14]。這些語言的建構方式大致相似，都是以歐洲語言為

基礎，用更有邏輯的拼音和句型，沒有不規則字尾。

　　沒有人比發明 Esperanto 的柴門霍夫（L. L. Zamenhof）更接近實踐世界語言的理想了。在 Esperanto 裡，每個字母只能發出一種聲音，所有的動詞變化模式相同。字首字尾都有可以預測的含義，加在字首或字尾以擴充詞彙。例如，字尾 *-eg* 表示尺寸或密度；*vento* 表示風，*ventego* 表示強風；*domo* 表示房子，*domego* 表示豪宅[15]。

　　一開始，只有柴門霍夫和他的未婚妻使用 Esperanto 寫情書給彼此。後來柴門霍夫發表了論文介紹 Esperanto，開始吸引了一些追隨者。他們召開了國際會議。1908 年，中立莫里斯尼特（Neutral Moresnet，譯註：19 世紀的歐洲小國）的比利時——普魯士地區開始一項社會運動，主張將這個地區重新命名為阿米開州（Amikejo），意思是「友誼之邦」（Friendship Place），並使用 Esperanto 為正式語言。二次世界大戰之後，Esperanto 運動達到巔峰，有 50 萬人向聯合國請願，希望正式將 Esperanto 當作世界語言。1948 年，支持者宣稱 Esperanto：「經過了風暴與時間的洗禮，仍然屹立不搖……已經成為活生生的人民使用的活生生的語言了……準備好可以服務更多人了。」[16]

　　這個宣言成為 Esperanto 最高峰時的紀錄。大家對新語言的熱情逐漸凋零，Esperanto 從未成為任何國家的第一或第二語言。只有大約 1000 人從孩提時就學習這種語言。雖然我們全

面連結的世界可以因為統一的世界語言而更為豐富，但是要求大家學習一種全新的語言，實在是期望太高了。雖然世界語言的優點很明顯，但是它造成的干擾顯然也很大。

其他議題的諸多激進解決方法也出現過，只是都半途而廢。舉個例子：曆法系統。自從 1582 年教宗額我略（Pope Gregory）引進了額我略曆，卻有許多思想家仍不斷請願，要求設立一套更好記錄日期與季節的方式。畢竟，如果每個月天數一樣，來年可重覆使用每年的日曆，不是更好嗎？1923 年，廢除額我略曆的請願日益強大，當時的國際聯盟（League of Nations）發起了國際競賽。獲勝者是摩西・柯茲沃爾德（Moses Cotsworth）所設計的一套 13 個月的年曆。每個月 28 天，每年 13 個月，1 月 1 日永遠是星期天。多出來的這個月名為陽月（Sol），以紀念太陽，放在 6 月和 7 月之間。創立柯達公司的喬治・伊士曼非常熱心，讓他的公司正式使用柯茲沃爾德曆（譯註：也稱為國際固定曆），用了長達六十多年。但是，國際聯盟中的美國卻強烈反對柯茲沃爾德曆，很不開心美國獨立紀念日從 7 月 4 日變成了陽月 17 日。雖然支持者遊說了很多年，柯茲沃爾德曆還是在 1937 年消亡了。

幾十年之後，伊莉莎白・阿喀琉斯（Elisabeth Achelis）提出世界曆（World Calendar）。每年 12 個月、不會改變的日曆。每週 7 天乘以 52 週，每年會少一天，於是將最後一天訂為「世界日」（World day）。這樣一來，一年四季的循環就可以再從

星期天開始。宗教團體提出反對，多出來的那一天打破了他們週日禮拜的循環；結果美國再次表示不同意。

關於年曆一直有不同的提議出現。科幻小說家艾薩克‧艾希莫夫（Isaac Asimov）提出世界季節曆（World Season Calendar）：拿掉月份，將一年分為四個季節，每季有13週。就像世界曆一樣，年末會多出來一天。爾文‧布魯伯格（Irv Bromberg）的對稱454（Symmetry 454）曆中，每個月有28或35天，不是每年多出一天，而是每隔5、6年會在12月多出1週。

這些新式日曆吸引了追隨者，但是正如世界語言一樣，最後都失敗了。有太多問題需要克服。在我們的網路世界中，不可能階段性轉換，幾乎每一個軟體都會需要改變。改成新的系統也意味著必須重新計算歷史日期，或是大家得學兩種系統──一個是過去的曆法，一個是未來的。再一次地，改變所造成的不便比使用額我略曆造成的麻煩更為麻煩。現在的月曆上有泳衣女郎或光著上身的消防隊員作為配圖，但是，文藝復興時期的教宗曆法仍然存在。

雖然工業界崇尚破壞，但是在未知水域航行仍然有其危險。例如，世界正面對氣候變遷的危機，最後一定會用盡石化燃料，但是汽車工業卻仍在掙扎著無法下定決心，是要讓傳統引擎更有效能（逐步增加的解決辦法），還是轉成另一種科技燃料，例如電力或氫氣力（有破壞力的解決辦法）。電力車的一

個缺點是充電很花時間——是去加油站加滿油的幾十倍時間。Better Place公司有一個創新點子：換電池。你把車子開進加油站，花幾分鐘時間，把空電池換成充滿電的電池。公司選擇以色列來做實驗，因為國家範圍小，人民重視永續生態。有了政府支持，Better Place在以色列境內蓋了一千八百座服務站，開始營業。公司寄望有足夠民眾換成電動車。不幸地，很難克服公眾的慣性：雖然有大量的宣傳，買車的人還沒準備好換成電動車。Better Place無法賣出足夠的電動車以維持服務站營運。6年後，公司宣告破產。

我們永遠活在可預期及意外之間的拉扯中。緊緊跟隨有效的既有作法會逐漸失去吸引力，但是過於遠離卻可能找不到追隨者。熟悉與新意之間甜美的平衡點是一個不斷移動的標靶，很難射中。無數的想法最後都落在了歷史的垃圾桶裡，因為沒有瞄準，箭離標靶太遠了。當微軟公司推出windows 8時，被批評改變得太多。反應如此強烈，微軟開除了發展這個軟體的工程師。同時，蘋果推出的新軟體被批評過於保守。正如喬伊斯·卡蘿·奧茲說過的，創意永遠都是一個實驗。

文化品味永遠在改變，而且不會永遠用穩定的腳步逐漸改變。有時緩慢爬行，有時快速跳躍。再加上，我們也無法預期改變的方向。這就是為什麼世界語言仍然是一個未能實踐的夢想，而百視達正從集體記憶中消逝。每次發射砲彈，我們都無法預期會降落在哪裡。

尋找普世美感

　　我們都是人——雖然文化脈絡非常不同，但是否有普世美感可以超越地域和時間呢？是否有不變的人類特質，制約了我們的創造選擇？是否有超越時間的旋律，引導著每天的即興創作呢？一直有人試圖找到普世美感，就像北極星似的引導著我們的創造選擇。

　　一個常常被提出的普世美感是對稱性。波斯地毯、西班牙阿爾罕布拉宮（Alhambra Palace）天花板上的對稱幾何圖案，是在不同地域、不同歷史時期創造出來的。

　　但是美和對稱之間的關係並不絕對。18 世紀的洛可可（Rococo）藝術在歐洲極受歡迎，卻很少有對稱性，而禪園之美正是因為它們**缺乏**對稱性。

弗朗索瓦·布歇（Francois Boucher）的〈維納斯的誕生與勝利〉
（The Birth and Triumph of Venus）與禪園之美，正是來自其不對稱性。

　　或許，我們應該在別處尋找普世美感。1973年，心理學家
葛達·斯邁茲（Gerda Smets）做了個實驗：她在受試者頭皮上
貼了電擊片（也就是腦波圖），讓受試者看不同的圖形並記錄
腦部活動程度。她發現令腦波最為活躍的是複雜度達到百分之
二十的圖形。

上面第二行大概有
百分之二十的複雜
度（Smets, 1973）

新生兒是盯著百分之二十複雜度的圖案看得最久的人。生物學家威爾森（E. O. Wilson）認為，這個實驗可能找到了人類藝術裡普世美感的生物本質：

> 可能是巧合（雖然我不覺得是巧合），在許多帶狀裝飾、格型裝飾、書籍扉頁、圖畫文字和旗幟的藝術作品裡，都有這個比例的複雜度。……在我們認為美麗的原始藝術和現代藝術及設計中，同樣的複雜度也常常出現。

威爾森說得對嗎？腦部受到刺激是美感的起始點，但並不是整個故事。我們住的社會永遠在試圖令我們驚訝、啟發彼此。一旦百分之二十的複雜度成為習慣，就失去吸引力了。人類會開始尋找其他新意。

看看瓦西里・康丁斯基（Wassily Kandinsky）和俄國同胞卡濟米爾・馬列維奇（Kazimir Malevich）相隔幾年畫的抽象畫。康丁斯基的〈構圖VII〉（*Composition VII*,1913年）色彩繽紛雜亂，複雜度極高，而馬列維奇的〈白上之白〉（*White on*

White, 1918年）則自然寧靜，看起來像被雪覆蓋的風景。他們擁有共同的生物限制（幾乎同時期，在同樣的文化脈絡中工作），卻創作出極為不同的藝術作品。

所以，視覺藝術並不一定要受到任何規定限制。事實上，斯邁茲一完成實驗，就問受試者喜歡哪些圖案。她發現結果並不一致[17]。腦部對於百分之二十複雜度產生較大反應，但是無法預測受試者的美感喜好。受試者的美感喜好遍及全部複雜度。判斷視覺美麗的時候，沒有一定的生物規則。

事實上，我們住的環境可以改變我們看到什麼。穆勒-萊爾（Muller-Lyer）錯覺圖案（以下）裡，a 看起來比 b 短，雖然二者其實等長。多年來，科學家假設這是一個普世的人類視覺特質。

但是，跨文化研究發現意外的結果。錯覺感知能力很不一樣，西方人是離群值[18]。科學家研究發現，對不同族群而言，線段長度看起來不同的程度殊異，而西方人看到的錯覺最強。非洲的祖魯族（Zulu）、芳族（Fang）和伊賈族（Ijaw）的人一半看到錯覺。非洲南部喀拉哈里沙漠覓食維生的薩恩族（San）人卻全部沒有錯覺，一眼看穿二者其實等長[19]。在西方

國家長大的人看到的東西和非洲喀拉哈里沙漠覓食維生的人看到的東西顯然不同。你對世界的經驗會改變了你認為什麼是真的，視覺也不例外[20]。

那麼，音樂呢？音樂不是常常被認為是世界的語言嗎？我們每天聽的音樂似乎有一致的常態。但是針對全世界原始音樂的調查發現，我們聽的音樂以及如何聽音樂，都有很大的多元性，遠遠超過了我們熟悉的西方音樂。西方父母要寶寶睡覺時，會唱舒緩的搖籃曲，慢慢漸弱，變成耳語一般—但是阿卡族小矮人（Aka Pygmies）則是越唱越**大聲**，一面還拍著孩子的脖子。西方古典音樂中喜歡和諧，認為和諧才是美，但是傳統爪哇音樂卻認為不和諧才美。有些原始文化的音樂中，每個人以自己的速度演奏；在其他文化中，例如蒙古人的喉音唱法，音樂沒有可以辨識的旋律；在另外一些文化裡，用不尋常的樂器演奏音樂，例如萬那杜島（Vanuatu Islands）的水鼓，在水上打出節奏。

西方音樂的節拍強調二、三、四拍，保加利亞音樂有七、十一、十三、十五拍的模式，印度節奏則可能超過一百拍。西方式的調音將八度音階分成二十二個分布不均勻的音調[21]。西方人將音調分成「高音」和「低音」，即使這一點也跟文化有關：塞爾維亞的吉普賽人將音調分成「大」和「小」；歐巴揚－曼扎族（Obaya-Menza）則稱之為「父」與「子」；辛巴威的修納族（Shona）將之稱為「鱷魚」和「追獵鱷魚的人」[22]。

雖然有這些差異，音樂還是有本質上的連結嗎？我們在生物層次上是否特別喜歡某種結合聲音的方式呢？科學家認為我們天生喜歡共鳴，於是在嬰兒身上做實驗。4到6個月的嬰兒還不會表達他的想法，我們必須從他們的行為中尋找線索。一個研究團隊在一個房間兩邊都放置了擴音器。他們從一個擴音器中，播放莫札特的小步舞曲，然後關掉，再從另一個擴音器中播放同一首但經過扭曲的版本，成為一連串不和諧的聲音。在房間中央，嬰兒坐在父母膝上，研究者追蹤記錄嬰兒轉頭之前花多少時間傾聽音樂。結果呢？嬰兒花更多時間聆聽原版的莫札特曲目。似乎，喜愛調和音程確實是人類天生傾向。

　　但是，音樂認知專家開始質疑這個結論。首先，有些原始音樂，例如保加利亞民俗歌曲，不和諧到處可見。即使是主流西方文化，大家喜愛的聲音也隨著時間而改變：莫札特小步舞曲中簡單的輔音和諧會讓中古世紀僧侶感到驚訝。

　　認知科學家桑德拉・特里哈伯（Sandra Trehub）和茱蒂・普藍汀嘎（Judy Plantinga）重複了這個讓人印象深刻的實驗，發現一個令人意外的結果：嬰兒對第一次聽到的音樂會聽得比較久。如果先聽不和諧的版本，嬰兒還是會聽比較久，就像先聽到和諧的版本會聽比較久一樣。結論是：我們並不是天生喜歡和諧的聲音[24]。正如視覺之美，我們欣賞的聲音並非天生註定。

　　科學家努力找到和人類物種永遠連結在一起的普世品味。雖

然人類出現時有天生的生物特質，但是經過百萬年的扭曲、打破和混合，已經讓人類物種的品味多元化了。我們不但是生物演化的產物，也是文化演化的產物[25]。雖然普世美感的概念很吸引人，但是無法掌握跨越地域與時間的創作多元性。美感不是遺傳的。我們懷著創意探索，不斷拓展美學：我們認為美的一切新事物都增添了世界對美的定義。這就是為什麼有時我們看著過去的偉大藝術品，卻覺得沒有吸引力，而當我們看著之前古人無法接受的東西，卻覺得很欣賞。人類物種的特性不是某種美學偏愛，而是創造力多元而曲折的道路。

沒有永恆的世界

17世紀劇作家班・強森（Ben Johnson）誇讚同時期的莎士比亞的偉大「不是任何時期而已，而是所有時期」[26]。我們很難與他爭辯：詩人莎士比亞從未比今天更受歡迎了。2016年，皇家莎士比亞劇團（Royal Shakespeare Company）完成了世界巡演，在196個國家表演《哈姆雷特》。莎士比亞的劇本一直被修改、重述。全世界受過教育的成人都能夠引述他的文字。莎士比亞是我們引以為傲的遺產，一代傳給一代。

但是，班，話別說得那麼快。如果500年後，我們可以插入神經移植物，讓我們可以直接連結到別人的感受呢？未來可能會發現，豐富又有深度的腦─腦經驗，會給我們帶來如此巨大

的愉悅，以致於花 3 小時看著舞台上的表演（成人穿上戲服，假裝是別人開口說話）將成為歷史興味。如果莎士比亞角色之間的衝突過時了，大家更想看到關於遺傳工程、複製、永恆的青春和人工智慧的情節呢？如果資訊氾濫到人類無法回顧 1、2 個世代以前，甚至 1、2 年以前的歷史呢？

我們似乎很難想像莎士比亞戲劇不再出現在文化裡的未來時代，但這確實可能成為我們為了勢不可擋的想像力必須付出的代價。每個時代的需要會改變，社會一定會往前走。我們一直在放手，創造空間以容納新的事物。即使是文化尊崇的創意作品有一天也會失去聚光燈的照耀。在中古世紀的歐洲，亞里斯多德是最被人們研究學習的作家。我們現在仍然尊敬他，但是比較像是尊敬一個形象而已，而不是活生生的聲音。談到創意輸出，「永恆」通常有期限。

但是莎士比亞不可能完全消失，即使他的戲劇變成專家的範疇，詩人仍然會活在他的文化 DNA 裡。至於不朽呢，這樣可能就夠了。在人類對新意的渴望下，一個創意作品可以存活 5、6 個世紀，已經是成就非凡、鮮有人及了。我們有創意地活在自己的時代，以尊崇祖先，即使這意味著將過去的放在過去。莎士比亞可能希望成為他的時代裡最偉大的劇作家，但是可能沒有希望成為歷史中最後的一位劇作家。他的聲音仍然伴隨著那些靈感而被世人聽見。有一天，寫過「所有的男人和女人……都擁有他們的出口和入口。」的劇作家可能會退到歷

史帷幕後面。我們活在持續重塑自己的文化中,無常和絕跡就是我們必須付出的代價。

···▷·•──────•──────•·◁···

我們如此熟悉四周的世界,以至於往往看不見創意。但是這一切——建築、藥物、汽車、溝通網路、椅子、刀子、城市、家電、卡車、眼鏡、冰箱——都是人類吸收既有材料、處理、製造新事物所產生的。任何一刻,我們都像是繼承了幾十億祖先的認知軟體。沒有其他物種這麼努力探索想像力的範疇;沒有其他物種如此決心讓想像成真。

除了這個,我們並不總是如同我們希望的那樣有想像力。我們能夠做什麼,才能完全利用我們的潛力呢?現在讓我們來看一看。

第二部

有創造力的
心態

不要固定住

　　2014年《樂高玩電影》（*The LEGO Movie*）讓觀眾進入一個完全用彩色玩具積木構成的世界：不只是建築物，還包括人物、天空、雲、海、甚至風。電影裡的英雄叫做艾密特（Emmet），試圖阻止邪惡的企業總裁（Lord Business）用神祕且力量強大的超級武器——瘋膠魔（Kragle）封住全世界。唯一能夠阻止企業總裁的方法是找到反抗寶物（Piece of Resistance），一個可以消除瘋膠魔力量的神祕物品。在樂高宇宙中，樂高人物一起高唱〈一切都很棒〉（Everything is Awesome），艾密特則努力試圖說服他們，末日即將到來。

　　電影到了中間，忽然意料之外地轉到真實世界：樂高宇宙其實是存在於一位名叫芬恩（Finn）的小男孩的想像世界裡。實際上，企業總裁是芬恩的父親，也稱為「樓上的人」（the Man

Upstairs），他在住家地下室用樂高搭建了一個巨大的城市，有大廈、大街和高架火車。「樓上的人」不高興兒子干擾他，計畫用瞬間膠將所有積木永遠黏起來。反抗寶物就是瞬間膠的蓋子。樂高城市是「樓上的人」花了無數時間的努力成果。很美，近乎完美。但是觀眾很自然地站在芬恩這一邊，想要一直搭建和重新建構這個城市，而不是用瞬間膠黏起來固定住。

感謝躁動的人腦，我們不但想要改善不完美之處，我們也想修改看起來完美之物。人類不只是打破壞掉的東西，也打破完好無損的東西。不同的創作者可能欣賞或蔑視過去，但是他們都不會希望用膠水把一切固定住。小說家薩默塞特・毛姆（W. Somerset Maugham）說：「傳統是嚮導，不是獄卒。」（Tradition is a guide and not a jailer.）我們可以尊敬過去，卻無需固守。我們已經看到，創造力不會憑空冒出來：我們倚賴文化提供創作材料。大廚準備新的食譜時，會尋找最好的食材；同樣的，我們會從過去獲得的遺產中的尋求最佳材料，來創造新的東西。

1941 年，納粹將波蘭猶太人全部移到位於多禾比茲（Drohobycz）貧民窟，等待運送到死亡集中營去，包括一位非常有才華的作家名叫布魯諾・舒茲（Bruno Schulz）。雖然有一位欣賞舒茲作品的納粹軍官暫時不將舒茲送走，但是舒茲卻在街上被另一位軍官射殺而亡。只有非常少數的舒茲作品在戰爭中流傳了下來。其中短篇故事集《鱷魚街》（*The Street of Crocodiles*），慢慢地逐漸為人所知。幾個世代之後，美國作家喬納森·薩弗蘭·弗爾（Jonathan Safran Foer）向這本書致敬。他不是保存或模仿這本書，而是用刀模壓裁技術將舒茲的文字切掉一些，將書變成像是散文雕塑似的作品。弗爾沒有切割他**不喜歡**的東西，而是切割他喜愛的東西。他將舒茲作品變成新的樣貌，以此表達他的敬愛。就像芬恩，他打破了好的東西。

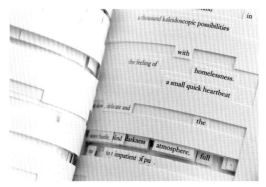

喬納森·薩弗蘭·弗爾的〈密碼之樹〉（Tree of Codes）
的其中一頁

　　一代又一代，我們調整重砌歷史的磚塊。1863 年，愛德華·馬奈（Edouard Manet）打破好的東西，創造了〈草地上的午餐〉（*Le Déjeuner sur l'herbe*）。他用十五世紀雷蒙迪（Raimondi）的版畫〈帕里斯的裁判〉（*The Judgement of Paris*）為起點，將右下方的三個神話人轉化為兩位紳士與一位妓女，在巴黎公園野餐。

之後，畢卡索打破了馬奈的好畫，創造出畫名相同的版本。

再之後，羅伯特‧柯爾斯科特（Robert Colescott）將畢卡索經典之作〈亞維農的少女〉（*Les Demoiselles d'Avignon*）轉化為他的〈阿拉巴馬的少女〉（*Les Demoiselles d'Alabama*）。

社會偶爾會試圖固定慣例。19世紀，法國藝術學院（French Art Academy）訂立了視覺藝術的標準。他們制定公眾應有的品味，以及什麼樣的作品適合購買。藝術學院當時的視野很大，包含許多風格迥異的偉大畫家，從古典到浪漫派運動的領袖都有。但就像「樓上的人」一樣，過了一段時間，學院開始墨守陳規。

每兩年，學院舉行一次藝術沙龍，這是法國藝術家最新作品的重要展出平台，如果你希望在法國藝術界嶄露頭角就要參加。沙龍具有高度選擇性，但是到了1863年，評審的口味變得非常狹隘：他們拒絕了幾千張畫，包括許多知名畫家的作品。馬奈的〈草地上的午餐〉就被屏除在外，評審團在畫中看到了公然的性暗示，以及看起來似乎有些隨意的筆觸，而感到不以為然。

在此之前，被拒絕的藝術家只能認命，無法做些什麼。但是這一次，太多藝術家打破了學院心目中「好」的標準。有太多作品遭到拒絕，藝術家群起而反抗。抗議的聲浪太大了，皇帝拿破崙三世（Emperor Nipoleon Ⅲ）親自去展場看這些被拒絕的畫。他下令被拒絕的藝術家組成「被拒者沙龍」（Salon des Réfusés，即 salon of rejects），在主展場附近開展，讓普羅大眾自行判斷好壞。四百多位藝術家參與了被拒者沙龍，但學院卻完全不當一回事：畫布掛得亂七八糟，沒有好好標示，也沒有印製目錄。比起主展場，被拒者沙龍看起來簡直像是中古貨拍賣場。即使如此，被拒者沙龍仍然成為西方藝術史上的轉捩點，畫作主題從神話和歷史場景變成了更現代的主題；過往喜好的細緻筆觸變成了更具實驗性的繪畫技巧[1]。幾千人塞進擁擠的畫廊，親眼看到了學院希望他們永遠不會看到的畫。動搖傳統的需要勝利了，擊沉了壓制改變的努力。

人腦持續重塑眼前看到的事物，這個動力驅使著科學家和藝術家。例如，二十世紀早期的地質學家相信各大洲從未移動過。他們認為地球上的地圖從古至今始終沒有變動過，地球的穩定根本毫無疑問[2]。以當時田野調查所得到的數據來看，這是個相當穩當的理論。

但是在 1911 年，阿爾弗雷德・魏格納（Alfred Wegener）讀到一篇文章指出，大西洋兩岸出現一樣的植物和動物。當時的科學家解釋為遠古時候可能有陸橋連接兩岸，只是陸橋已經沉

入海裡了。但是魏格納無法停止思考，為什麼非洲和南美洲的海岸線看起來像是拼圖似的，可以合在一起。後來他在南非和巴西之間發現了令人意外的岩層相似性。他在心裡模擬，將七大洲連接成一片很大的土地，稱之為盤古大陸（Pangaea，又稱為泛大陸）。他推測這個超級大陸在幾億年前裂開了，一大塊一大塊地逐漸漂離彼此。魏格納心裡能夠「看到」別人看不到的地球歷史，發現了「大陸漂移說」。

1912年，魏格納發表他的理論，3年後出版《大洲與海洋的由來》（*The Origins of Continents and Oceans*）一書。正如達爾文（Darwin）認為物種會演化一樣，魏格納認為地球也會因時演化。魏格納的理論將各大洲從它們停泊的地方拔出來，讓它們像荷花葉似的漂移。他的理論和當時的知識背道而馳，但是魏格納並不在意。他寫給岳父的信上說：「我們為什麼要遲疑著不敢把舊的觀點丟掉呢？……我不認為舊的思想能夠再存活十年。」

很不幸地，魏格納的樂觀錯了。大家對他的理論抱持著蔑視和嘲笑。對於他的科學同儕們，他簡直就是「太可笑」和「荒唐」。古生物學家赫曼·凡·依海林（Hermann von Ihering）說魏格納的理論會「像肥皂泡一般破滅」。地質學家麥克斯·山姆波（Max Semper）寫道：「大洲漂移的理論缺乏足夠證據，完全失敗。」山姆波繼續說，魏格納應該「不要繼續在地質學界混了，去找一個別的、還沒有警覺性的領域，他們的大

門上沒有寫著『神聖的聖人啊，請饒了我們吧』。」

魏格納面對幾個令人生畏的問題。大部分的地球科學家是田野調查者，不是理論家[3]。對於他們來說，一切都關乎他們丈量、收集在手的數據。魏格納缺乏足夠證據。他只能指出各大洲可能曾經連接在一起的跡象，不可能回到幾億年前找到直接的證據。更糟糕的是，大陸板塊如何移動？他只能提供猜測。地震移動的地質動力是什麼？他的同儕認為，魏格納用不充分的事實創造出他的理論，就好像把馬車放在馬前面一樣的不合理：他的理論是想像力的產物。

魏格納為了說服同事，去北方做了好幾次危險的探險，丈量大陸移動的跡象。他沒能完成最後一次的探險。他在酷寒天氣下迷失於前往基地的路上。1930 年 11 月，他死於心臟病發。地點非常偏遠，死後好幾個月才有人發現他的屍體[4]。

幾年之內，新的丈量設備提供了許多關於海底地層和磁場的數據，以及追蹤地質時間的技術。結果迫使地質學家重新思考魏格納已被棄置的理論。地質學家查爾斯・隆威爾（Charles Longewell）遲疑地寫道：「魏格納假說如此刺激、對地質學有如此基本的影響，每一位地質學家都應該對這個假說懷有尊敬與同情的興趣。有些爭議對他的假說有利，我們如果拒絕任何可以為地球歷史的深刻問題提供關鍵概念的理論，就太愚蠢了。」[5] 幾十年後，地質學家約翰・威爾遜（John Tuzo Wilson）一之前曾經蔑視魏格納的理論一改變主意了：「從我

們有限的視野，這個觀點是我們任何一個人都沒有意料到的……地球看起來像是靜態的雕像，其實卻是活生生的、會移動的東西……這是我們這個時代革命性的科學發現。」[6]

以前鞭叱大陸漂移說這一批人，現在轉而擁抱它了。魏格納渴望挑戰既有信念——將各大洲板塊固定住——終於獲得平反。

有創意的人常常打破文化傳統，甚至打破自己的傳統。1950年代，畫家菲利普・加斯頓（Philip Guston）是紐約抽象表現藝術的新星，畫出許多像是雲朵的色彩。

菲利普・加斯頓的〈贈BWT〉（To B. W. T., 1950）和〈畫作〉（Painting, 1954）

1960年代初期，加斯頓舉辦過幾次回顧展，後來他中斷畫畫，離開紐約藝術圈，搬到紐約荒僻的胡士托（Woodstock）住。幾年之後，他又出現了。1970年，他在紐約市的馬爾博羅畫廊（Marlborough Gallery）展出新作。他的追隨者大感意

外：加斯頓轉而畫有形狀的東西了。他的商標色彩包括紅色、粉紅色、灰色和黑色還在，但是他畫的是怪誕、往往畸形的三K黨成員、香菸和鞋子。

菲利普‧加斯頓的〈開車逛逛〉（Riding Around, 1969）和〈平地〉（Flatland, 1970）

反應幾乎充滿了敵意。紐約時報藝評家希爾頓‧克萊姆（Hilton Kramer）稱他的作品「笨拙」，說加斯頓像是個「可愛的大笨蛋」。時代（*Times*）雜誌藝評家羅伯特‧休斯（Robert Hughs）也同樣不屑一顧。關於三K黨主題，休斯寫道：「作為政治宣言，（加斯頓的畫）太過於簡單，就像他聲討的偏見一樣。」因為所有的負面聲浪，馬爾博羅畫廊決定不再更新畫家的合約。加斯頓打破了自己的傳統，讓他的追隨者失望。但是他一直堅持自己的決定，在1980年過世之前，都是畫具象畫。

希爾頓‧克萊姆從未對自己的意見動搖。但是其他的藝評家猶豫了。1981年，休斯發表了新的意見：

1960 年代後期，加斯頓開始畫具象圖畫，並於1970年展示於眾，這些畫和他以前的作品迥然不同，看起來似乎很刻意，甚至整個向後轉了……如果那時候有任何人說，十年後加斯頓的具象畫會對藝術界造成無所不在的影響，會顯得令人難以置信。

　　但是結果似乎確實如此。美國在這十年裡，有許多刻意笨拙的龐克式具象畫作品大量出現，忽視端正與精準，刻意呈現狡猾的粗糙表達。很明顯的，加斯頓是這種風格的教父，他的作品比同時期畫家的作品更令許多 35 歲以下的畫家感到興奮。[7]

　　到了 1960 年代尾聲，比菲利普‧加斯頓更為著名的例子就是音樂界的披頭四（Beetles），他們已經達到無與倫比的成就與名聲。即便不斷推出暢銷金曲，他們還是一直做實驗。一九六八年推出的《白色唱片》（*White Album*），創造力達到巔峰。此前，披頭四樂團參加了一個印度修隱會，約翰‧藍儂（John Lennon）與日本前衛藝術家小野洋子（Yoko Ono）在那裡相遇、戀愛，而產生這張唱片。最後的一首歌〈九號革命〉（*Revolution 9*）由不斷循環的樂句組成，每個樂句以自己的速度轉動，包括倒著演奏的古典樂片段、阿拉伯音樂的片段，以及製作人喬治‧馬丁（George Martin）反覆地說：「傑夫，打開紅燈。」歌曲的名字從何而來呢？藍儂錄到一位音效工程師說：「這是 EMI 第九號測試。」他把「第9號」切出來，一再重放。他後來告訴滾石（*Rolling Stone*）雜誌，這是

「我的生日和我的幸運數字。」九號革命是唱片中最長的一首歌，送出的訊息就是：樂團可以打破 1950 年代的流行音樂傳統，也可以打破自己的傳統。一位樂評家說：「在標示著是披頭四的唱片裡，有八分鐘不是披頭四。」[8]

有創意的破壞自己的既有結構不但發生在音樂上，也發生在科學裡。威爾遜（E. O. Wilson）是傑出的演化生物學家之一，花了幾十年時間調查大自然之謎：利他主義（altruism）。如果動物的目標是把基因傳給下一代的話，那牠為什麼危及自己的生命來幫助別的動物呢？達爾文的解釋是親屬選擇：動物的利他行為是為了保護生物親屬。威爾遜和當時的演化生物學家，一致認為彼此之間基因越相似，越可能做出親屬選擇。

但是威爾遜不願意將這個想法固定下來。經過五十年提倡親屬選擇的概念之後，他最後翻轉了自己的想法。他開始辯論說，新的數據和既有模型不合。有些昆蟲社會由親近的親屬組成，卻看不到利他行為。其他基因更為多元的社群卻能比較不自私。威爾遜發展出新的看法：有些環境需要團體合作才能生存，這時，遺傳上就會偏好合作的傾向。在其他狀況中，團隊合作不會有任何優勢，動物就會只照顧自己，甚至不惜犧牲親屬。[9]

威爾遜論文引起的反應很強烈。許多有領導地位的生物學家說他迷失了，甚至覺得專業期刊不應該發表他的論文。很有地位的同儕理查・道金斯（Richard Dawkins）寫了一篇取名為

〈愛德華‧威爾遜的殞落〉（The Descent of Edward Wilson）的評論，文章毫不留情地說：「我想到以前一幅卡通，一位母親看著軍隊遊行，驕傲地說：『那是我兒子，整個隊伍裡唯一步伐正確的人。』威爾遜就是那位唯一步伐正確的演化生物學家嗎？」[10]

但是威爾遜並不在意自己的步伐和同事不同。其他人都很驚訝，兩次獲得普立茲獎（Pulitzer Prizes）、受人尊敬的人物會讓自己處於岌岌可危的地位。威爾遜一向都是一位創新者，不害怕激烈改變自己的觀點，以符合他看到的科學—即使這意味著得推翻他自己的名聲。威爾遜的理論目前尚無定論（最後也可能是不正確的），但是無論對錯，他不會讓任何觀念固定不變。

‧‧‧▸━━━━━━●━━━━━━◂‧‧‧

人類不斷打破完好的東西，以重塑自己：電話的旋轉式轉盤變成按鍵式，電話變成磚塊似的大哥大手機，然後變成貝殼機，再變成智慧型手機。電視變得更大、更薄，甚至無線、有曲度還有立體畫面。即便一項創新進入了文化主流，我們還是永遠渴望新意。

或許有些成就已經達到完美境界，之後的人會願意不再干涉嗎？最佳例子就是史特拉迪瓦里（Stradivarius）小提琴了。小提琴製作工匠的目標就是打造一炳完美的樂器，能夠將

史特拉迪瓦里小提琴—
「布朗特夫人」
（Lady Blunt）

美妙豐富的聲音投射到演奏廳的最後面，同時也要容易彈奏。在義大利工匠安東尼奧・史特拉迪瓦里（Antonio Stradivarius, 1644—1737年）手中，比例、木材選擇、甚至專用的塗料，都已經達到巔峰。三百年之後，他做的樂器仍然是市場上最令人夢寐以求的樂器。一把史特拉迪瓦里小提琴可以在拍賣場叫到1500百萬美元的價格。看來沒有人會想要改變已經達到巔峰的史特拉迪瓦里小提琴。

但是喜歡創新的人腦就是無法理解「不要亂動完美事物」的概念。現代的小提琴工匠運用關於音響、人體工學和人工合成材料的最新研究，不斷探索，想要讓小提琴更輕、更大聲、更容易握住、使用壽命更長久。路易斯・里紀亞（Luis Leguia）和史蒂夫・克拉克（Steve Clark）的小提琴是用碳纖維所製成。除了很輕之外，也不受濕度影響—木製樂器總是有這個令人不開心的特質，會因為濕度改變而破裂。

里紀亞和克拉克
用碳纖維做的小提琴

2012年的國際小提琴比賽邀請專業小提琴家用不同的新舊樂器演奏，並提出講評。音樂家戴著眼罩，看不到自己所使用的樂器；樂器上噴了香水，以遮蓋舊樂器散發出來的味道。

　　只有三分之一的參與者選擇舊樂器勝出。其中有兩把是史特拉迪瓦里小提琴，越有名的小提琴越沒有被選上。這個測試讓人懷疑史特拉迪瓦里小提琴是否真的代表了永遠無法超越的標準。

　　我們可能無法消除想要擁有一把史特拉迪瓦里小提琴的慾望，但是階段性的進步創造出了現代更厲害、更不容易受損、更便宜的小提琴。當獨奏者拿著一把合成的樂器站上舞台，演奏貝多芬的小提琴協奏曲時，看起來，打破有如史特拉迪瓦里小提琴一般的「完美」並非不可能。

∙∙∙»·›∙∙——●——∙∙‹·«∙∙∙

　　沒有人想要日復一日的過同樣的日子。即使是我們一生最快樂的一天，發生的事情也會逐漸失去魅力。重複會讓快樂失去光芒。結果就是我們持續改變已經很好的事物。如果沒有這種渴望，我們將會不斷重複美妙的經驗，直到它變得乏味無聊。

　　我們很容易被過去的偉人嚇到，但是他們是現在的跳板。大腦不但重塑不完美的事物，也重塑我們喜愛的事物。正如芬恩拆解「樓上的人」的完美作品，我們也有義務把目前最精良的東西重新放到工作桌上。

擴大選擇

　　1921年，美國眾議院籌款委員會（Ways and Means Committee of the US House of Representatives）歡迎科學家喬治·華盛頓·卡弗（George Washington Caver）的到來。卡弗來自阿拉巴馬州全是黑人的塔斯基吉大學（Tuskegee Institute）。他坐在一個從未有黑人擔任公職的建築物裡的位子上。當時的美國和首都華府仍然採取種族隔離政策。

　　數代連續的棉花種植導致土壤貧瘠，卡弗一直在尋找解決辦法，並已經發現花生和物種接近的地瓜都是理想的輪耕作物。但是卡弗知道南方的農人不會願意種植花生，因為缺乏市場。1921年的這一天，卡弗的任務就是去首都提倡花生，讓花生成為經濟作物。他只有十分鐘可以發表演講。

　　卡弗表示，如果所有其他種類的蔬菜都被毀掉了，「靠著花

生與地瓜，還是可以獲得完美均衡、周全的營養。」他才剛開始，就被國會議員約翰‧提爾曼（John Q. Tilman）打斷了：「你也要提倡西瓜嗎？」

不理會提爾曼的歧視挑釁，卡弗持續聲明，描述一大堆他想到的花生產品：花生冰淇淋、花生染劑、餵鴿子的花生飼料、還有花生棒棒糖。十分鐘到了，卡弗準備停止演說，但是委員會主席請他繼續。再十分鐘也不夠，主席說：「繼續吧，兄弟。你有無限的時間。」

卡弗談到花生牛奶，談到花生口味的非酒精飲料，他向委員會保證沒有違反禁酒令（Prohibion laws），以及花生粉、花生墨水、花生調味料、花生乳酪、花生高湯料理、花生做的伍斯特醬（Worcestershire sauce, 編註：英國調味料，類似烏醋）和花生面霜。他還提到花生咖啡，總共提到了一百多種花生的用法。他說了 47 分鐘才結束，還表示這只是他單子上的一半項目而已。主席謝謝他，並且說：「先生，我們要為了你處理主題的方式讚揚你。」[1]卡弗為花生提供了大量用途，在國會大放異彩，成為南方農夫心目中的英雄。

提供大量選擇是創造力的基礎。畢卡索畫了十五張不同變化的德拉克羅瓦（Delacroix）〈阿爾及爾的女人〉（*Women of Algiers*）、二十七張馬奈的〈草地上的午餐〉以及五十八張狄亞哥‧委拉斯奎茲（Diego Velázquez）〈侍女〉（*Las Meninas*）。

狄亞哥・委拉斯奎茲的〈侍女〉

畢卡索的五十八張〈侍女〉變化圖中的五張

同樣的，貝多芬為同一首瑞士民歌做了六首不同變奏，為〈天佑女王〉（God Save the Queen，編註：大英國協國歌）做了七首變奏，為莫札特的某個作品做了十二首變奏。1819年，奧地利作曲家安東・迪亞貝利（Anton Diabelli）把他寫的一首華爾滋樂曲寄給同儕，請每位做一個變奏，他想要將全部變奏曲放在一本書中出版。貝多芬不滿足於只做一首曲子，乾脆為迪亞貝利的曲子寫了三十三首變奏。他創造的選擇之多，其他人都無法企及。

　　如果殭屍逃出恐怖片的話，理論上他們將無法擴大選擇：他們的腦子只能執行已經設計好的程式。我們對著嘴巴舉起叉子、移動雙腿走路或開車的時候，也看得到自動發生的行為。某個神經路徑做了所有的工作，行動極為順利。但是我們腦中充滿連結的森林則持續允許我們超越慣性行為。當腦子擴展選擇時，會脫離最容易的路徑，在網路中到達更寬闊的範圍。我們不再執行既有的設計，腦子扭曲、打破並混合各種經驗，想像「如果」。

　　卡弗、畢卡索和貝多芬展現了他們的擴展能力，但是選擇往往發生在幕後。例如海明威的小說《戰地春夢》（*A Farewell to Arms*），結局是凱瑟琳——敘事者的摯愛生產時死亡，他們的兒子也是死胎。海明威為小說的悲劇結尾寫了四十七個不同的結局。他的第一個版本如下：「故事就是這樣。凱瑟琳死了，你會死，我會死，我只能如此跟你說。」（That is all there is to the story. Catherine died and you will die and I will die and that is all I can promise you.）

之後的版本，嬰兒活著出生：

　　我可以跟你說說這個男孩。他看起來一點也不重要，就只是個麻煩。上帝知道，我沒有他還會更好。總之，他不屬於這個故事。他是另一個新的故事了。舊故事結束時，又開始一個新故事，並不公平。但是事情就是這樣。除了死亡，沒有終點，出生只是一個起點。

　　（I could tell about the boy. He did not seem of any importance then except as trouble and God knows that I was better without him. Anyway he does belong in this story. He starts a new one. It is not fair to start a new story at the end of an old one but that is the way it happens. There is no end except death and birth is the only beginning.）

有一個版本著眼在凱瑟琳過世後的第二天：

　　我完全醒來了，身體覺得空虛，我看到床頭的電燈在白天還開著，我回到昨晚結束的時刻，這就是故事的終點。

　　（Then as I woke completely I had a physically hollow feeling I saw the electric lights still on in the daylight by the head of the bed and I was back where I had left off last night and that is the end of the story.）

另一個版本留給讀者最後的教訓：

隨著時間，你會學到幾件事情，其中之一就是世界會打擊每一個人，之後，很多人會在破碎處變得更強壯。沒有破碎的人死了。毫無分別地殺掉好人、溫和的人、勇敢的人。如果你不是這種人，你也一定會被殺掉，但是還不急[2]。

（You learn a few things as you go along and one of them is that the world breaks everyone and afterward many are strong at the broken places. Those it does not break it kills. It kills the very good and very gentle and the very brave impartially. If you are none of these you can be sure it will kill you too but there will be no special hurry.）

最後，海明威完成最後的版本。在出版的結局裡，嬰兒一出生就是死胎。敘事者趕走護士，關起門來，和死去的妻子獨處一室。

我把她們趕出去，關上門，關掉燈之後，一切都不好。好像我在跟一座雕像道別。過了一會兒，我走出去，離開醫院，在雨中走回旅館。

（But after I had got them out and shut the door and turned off the light it wasn't any good. It was like saying good-bye to a statue. After a while I went out and left the hospital and walked back to the hotel in the rain.）

讀了最終版本的《戰地春夢》，我們不難想像，許多選擇讓小說的最終面貌出現了。

每個季節，鮭魚會生幾千顆卵，許多小魚在孵化之前就死了；孵化之後的小魚，也有很多都在還很小時就死了；只有少數小魚能存活長大。同樣的，我們的腦子會生出一大堆選項：許多選項不會孵化，直接進入意識。進入意識的那些選項，大多殞滅。

讓我們看看萊特兄弟如何決定在風中駕駛飛機的最佳選擇：他們做了三十八種機翼，每個都有不同的形狀和曲線。查爾斯·凱特靈（Charles Kettering）花了 6 年發明柴油引擎：「我們試了一個又一個的設計，直到引擎終於告訴我們它到底要什麼。」[3] 在李維（Levi's）的歡呼創新實驗室（Eureka Innovation Lab）裡，服裝設計師會嘗試幾千種不同的染料和牛仔布的變化，設計下一年時尚牛仔褲的樣式。照相機記錄所有設計師的實驗，被選上的設計可以照樣複製。[4]

同樣的，奧迪（Audi）汽車請設計師麥克斯·庫利區（Max Kulich）設計個人的移動工具，他畫了一大堆選項。有些有駕駛座，有些站著；有些是一個輪子，或兩個、三個輪子。他試過一個版本，後面拖著嬰兒車。另一個設計有兩個輪子，卻沒有把手。他針對駕駛的傾斜度、輪子大小、把手形狀做了各種實驗。他考慮過可以折疊的版本，想像它可以跟備用車胎一起，放在奧迪汽車的後車廂裡。

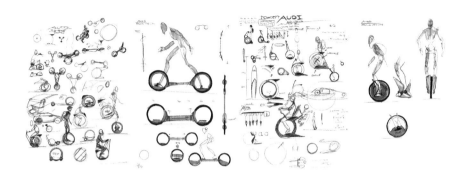

最後，他交給奧迪公司的設計稱為「城市滑車」
（CitySmoother），可以折疊，有一個座椅。

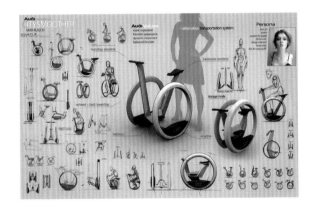

人類想像力的繁殖力驚人，結果有一大堆作品停留在設計
辦公室的地板上。建築師事務所經常為一個建案設計無數的草
稿。設計紐約跳蚤劇院（Flea Theater）的時候，建築研究辦公
室（Architectural Research Office）畫了七十張不同的設計圖。

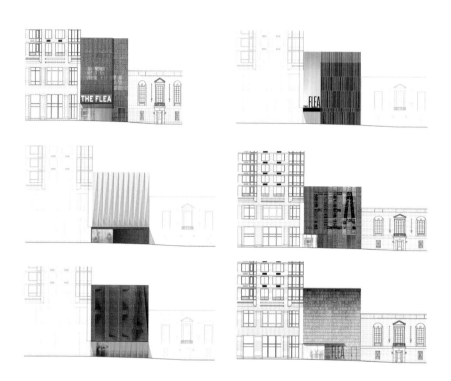

七十張設計圖，只有一張存活了下來。

The Runaway Species

擴大選擇範圍不但對設計者和建築師有益，對化學家也是。當藥廠發展新藥時，困難重重：藥物必須攻擊疾病，卻不傷害病人。傳統方法是找出一個化學物質，再經由重塑學習。工作努力的化學家可能每年可以重塑五十到一百個化學物質。但是這樣太慢了，要找到理想的化學合成物，大約需要做出一萬種變異。等到最佳藥物出現，大概已經花費好幾年的時間和金錢。為了讓過程最佳化並加快速度，化學家發展出新的方法來增加選擇。他們不再一次測試一種化學物，而是同時進行測試，例如在有一百個小反應槽的盤子上，以不同方式混合十種酒精和十種酸[5]。他們還會同時用幾十個測試盤進行測試。過去十年，自動化測試方法改革了藥物發明的領域。

　　即使一個商品上市了，喜愛發明的腦子也不會停止。1878年一月，美國發明家愛迪生發表了留聲機。大眾極為喜愛這個新東西。但是留聲機很脆弱，也很難使用。為了維持大眾興趣，愛迪生為留聲機想出了未來的各種使用方式：

1. 無需速記員就可以寫信和記錄各種指示。
2. 有聲書籍，幫助盲人毫不費力地閱讀。
3. 口才訓練。
4. 複製音樂。
5. 「家族記錄」——家族成員用自己的聲音記錄說的話、回憶等等以及臨終遺言。
6. 音樂盒及玩具。

7. 可以發出聲音提醒回家、吃飯等等的鐘。

8. 精準保存語言的發音方式。

9. 教育目的：像是記錄老師的講解，學生可以在任何時候回頭聆聽，也可以記錄拼字或其他課程內容，隨時記誦。

10. 與電話連接，傳遞永恆無價的聲音，而不是暫時的短暫溝通[6]。

為了延續留聲機的使用期限，愛迪生必須想出這麼多的用途。他說：「當你覺得已經什麼都想到了的時候，記住：你還沒有什麼都想到。」

在大自然不斷延展生命的過程中，我們看到了多元化，以及對變化的巨大投資。為什麼？因為確定會通往絕種的路就是過度投資單一選項。同樣的，人類的力量來自心智上的多元化能力。當我們面對問題，不會只想一個解決辦法，而是產生非常多的選擇。

公司和政府也會擴大選擇：投資很多不同的方法，提昇解決問題的可能性。讓我們看看 18 世紀的英國。當時有很多海軍船艦迷航，因而害死了 2000 名海軍人員。這是一連串導航失敗導致海事意外的最新事件。問題是水手不知道準確的經度——沿著地球東西軸的位置[7]。為了知道經度位置，他們必須能夠準確測量船速。當時的鐘使用鐘擺，因為船會上下晃動，使得鐘擺失準，鐘擺顯得沒有用處。水手會將一塊木頭丟下船，估計船以何種速度離開這塊木頭。這種粗略的估算往往

造成災難，使得巡防艦偏離航道。

國家不斷失去船艦，國會大膽決定請民眾提出不尋常的解決之道：宣布懸賞 2 萬英鎊（相當於現在的 100 萬美元），給任何發明準確經度測量的人。科學歷史學家達瓦・索貝爾（Dava Sobel）寫到：「金錢的力量使得經度委員會（Board of Longitude）成為世界上第一個正式的研究發展機構。」[8]

早期結果並不看好。經度委員會評估了各種提案包括如 *phonometers*、*pyometers*、*selsnometers* 和 *beliometers* 等，但沒有一個可用。宣布懸賞15年後，委員會仍然找不到值得支持的提案。在這段時間裡，委員會甚至沒有開過一次會議，只是送出一封又一封的拒絕信。

但是他們也持續邀請大家送交提案。宣布懸賞之後過了20多年，約克郡（Yorkshire）小鎮上，一位自學出身的鐘錶匠約翰・哈里森（John Harrison）提出了適合航海的時鐘設計。在所有試圖解決這個問題的人之中，這位小鎮上的鐘錶匠顯然最不可能成功。但是哈里森是鐘錶專家。感謝他的先進設計和材料，他所設計的 H-1 鐘是委員會首次考慮在海上實際測試的提案。測試結果很有希望，甚至可能就是解決的方法。於是他們給了哈里森那筆錢，請他繼續研究。

競爭延續了幾十年。終於，哈里森有了大突破。他發現自己的設計有一個致命缺點：體積太大，船隻搖晃時鐘會很容易受損。他想，唯一的解決方法就是完全不要用鐘擺。1761年，哈

里森對委員會呈遞了H-4「海錶」（Sea Watch）。它的直徑不超過六英吋，是世界上的第一隻懷錶。H-4讓船長可以精準知道時間，打開了海上探險的黃金時代。[9]

事後看起來，進步往往像是一直線的發現和前進。但這只是表面看起來如此而已。歷史上的每一分鐘都充滿了泥土小徑形成的網路，最後成為少數幾條鋪得好好的道路。1714年，沒有人能夠預見一位來自鄉下小鎮的鐘錶匠可以解決航海史上最棘手的問題。國會只知道他們必須撒下大網。面對需要用創意解決問題時，就是要擴大選擇。

經度獎金之後，又出現了像是XPrize（譯註：設立在美國的非營利組織，目的在於透過贊助並組織公共競賽，以推動對全人類有益的技術創新）的競爭。2004年第一屆XPrize提出1000萬美金的獎金，邀請大家設計可以在次軌道重複使用的太空船。獎金會頒發給能夠在兩週內、飛行兩次其飛行高度達六十英里的團隊。全球有二十六個團隊參與競爭，設計包括火箭翼和飛機翼。

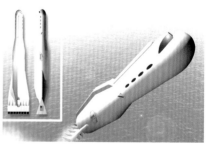

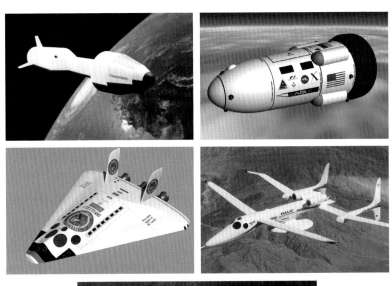

獎金最後給了莫哈維航太（Mojave Aerospace）的
太空船一號（Space Ship One）。

　　藉由廣泛撒網，私人太空旅行的夢想又往前走了一步。向大
眾募集設計的策略越來越受歡迎。當網飛（NetFlix）想要提升
個人電影建議的演算法時，公司明白，向全球提出100萬的獎
金會比自己發展演算法來得更便宜。網飛公佈了數據樣品，目
標是將高水位線提高百分之十。幾萬個團隊參與競爭。大部分
的提案不夠好，只有兩個團隊通過了網飛想要的門檻。網飛的

投資不大，卻能鼓勵大家設計出幾千個想法以解決問題。

　　創新一定會遇到一大堆死胡同，有些死胡同非常昂貴。製造太陽能板的Solyndra公司就是一個例子。2011年，他們宣告破產，政府失去5.36億美元的投資經費。一千多位員工失業。Solyndra公司有很多違法之處，聯邦調查局查封了公司總部，進行蒐證。歐巴馬（Obama）政府原本吹捧這家公司是創新與增加就業的表率，這下子尷尬了。政府的反對人士認為這個案例是政府無能，十足浪費納稅人的錢。

　　單單看這個案例，Solyndra災難讓政府難堪，政府必須為此負責，但是為了一個失誤而責難政府是沒有建設性的。為什麼呢？因為只挑好對象下賭注的政府無法創新。讓我們看看能源署（Energy Department）過去的記錄吧：在340億美元的貸款中，違約率少於百分之三。國會原本就準備了資金，以支持早已意料之中的損失。事實上，重生能源計畫整體是獲利的。政府的支持引起許多私人投資，讓太陽能技術的價格猛然下降。而且，Solyndra推出幾項很有創意的概念。不像我們習慣的平板式太陽能板，Solyndra的太陽能板是圓筒狀，隨時都有一部份對著太陽，而且抗風，打開了天候不好區域這塊新興市場。Solyndra的失敗不是因為設計不良，而是因為沒有預期到太陽能板的價格會掉得這麼快，他們無法快速調降生產價格——這是事前無法預知的市場力量。

失敗令人難以接受，但是在創新的過程中，不可能總是在黑馬身上押注。Solyndra垮台之後，美國能源部長恩尼斯・莫尼茲（Ernest Moniz）告訴美國公共廣播電台：「我們必需謹慎，不能逃避風險，否則的話，我們將無法在市場上往前進。」[10]

　　我們靠著自動化的行為避免犯錯。當我們需要可靠的結果時，例如把叉子舉到嘴邊，神經會移除過多的選項。我們要打字正確、跑步時不要跌倒、在小提琴上拉出正確的聲音。但是擴大選擇時，對於錯誤，我們需要抱持不同的態度。我們要擁抱錯誤，而不是逃避錯誤。對於自動化行為，錯誤就是失敗；對於有創意的思考，錯誤是必要的[11]。

　　地球上有一兆種不同的物種。大自然的偉大成功只基於一個原則：擴大選擇。大自然永遠無法事先知道，在新的生態系統中什麼會有用（爪子？翅膀？熱窩？骨頭形成的板狀構造？），因此，大自然歡迎突變以作為測試，看看什麼有用。目前存在的物種數量，竟不到曾經出現過物種的百分之一。有一些預測顯示，到了2100年，目前還存活的動植物，高達百分之五十會消失[12]。從渡渡鳥、恐龍到長毛象，許多好主意就是無法存活下來。

　　藝術、科學和公司也是如此。大部分的點子無法在當時的社會環境中找到立足之地，因此，不斷的多元化是唯一可靠的成功策略。勤奮的腦子會不斷產生各種選擇，努力運用創意，持續問自己：「還有什麼呢？」

探測不同的距離

　　每年，蜂窩裡的蜜蜂都會一分為二。一半留在原地，另一半去尋找群花遍野的地方，以建立新窩。這是探索與操控之間典型的平衡：在資源枯竭前，部分蜜蜂出發尋找更豐足的環境。牠們並不知道最豐足的場所在哪裡，於是產生偵察蜂團隊。偵察蜂從蜂窩出發，飛向各個方向，飛行各種不同的距離。

　　同樣的，人類也有能力創造與現有標準距離不同的各種選擇。例如，我們知道科學家愛因斯坦充滿想像力的跳躍性思考，重塑了我們對空間和時間的理解。但是很多人可能不知道，他也花了很多時間關心更實際的事物，設計了充滿新意的冰箱、陀螺羅盤、麥克風、飛機零件、防水外衣、以及新式相機。這位科學家思考物體接近光速時會發生什麼事，也為以下這件衣服申請了專利：

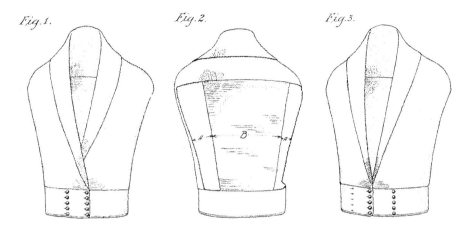

來自愛因斯坦申請專利的上衣樣式

　　愛迪生有創意的心智也會從蜂窩射向不同距離。愛迪生最初的專利很普通，牽涉到已經存在的物品，例如修改過的貝爾（Graham Bell）電話；但也有突破性的專利，例如留聲機。他的畫冊裡繪有飛機引擎的設計——遠在萊特兄弟首次飛行的 30 年前。遠離蜂窩的設計中，包括沒有成功的水下電報系統。愛迪生喜歡親手做一些實際的設計，但是當出版商請他寫回憶錄時，他卻寫了一本設定在未來的小說（但是從未出版）。他想像了一個烏托邦世界，人類活在海底，「屋子用珍珠做成」，「太陽能引擎取得太陽能，用輻射能進行水中攝影，還有防水的合成紙鈔通行全世界。」[1] 從修改、創新到飛翔的想像，愛迪生終生探索著不同的距離。

　　我們在設計上經常看到類似的不同距離。亞歷山大・麥昆（Alexander McQueen）旗下的設計師莎拉・波頓（Sarah Burton）設計了凱特・密道頓（Kate Middleton，譯註：英國威廉王子之妻，即媒體通稱的凱特王妃）穿的婚紗。

　　但是她也打造出其他英國皇室不可能穿的婚紗。

The Runaway Species

無獨有偶，1930年代，美國工業設計師諾曼·貝爾·格迪斯（Norman Bel Geddes）設計了一大堆商品：很有格調的雞尾酒攪拌棒和蠟燭、第一個全用金屬做成的汽水機器、第一個自動顯示價格的加油機，以及用片狀金屬做成的、很輕的火爐，他自己說：「簡單的烹飪機器，沒有花邊、沒有噱頭、沒有裝飾。」[2]但是他做的可不只這些。他也想像了看起來很「未來」的汽車、油箱在尾翼的巴士、稱作 Roadable Airplane 的飛行汽車。其他的誇張計畫包括了超過二十層樓高，用旋轉機器驅動的空中餐廳[3]。他也設計了一種牆可以移動的房子，像是車庫門那樣，能升高到天花板。

諾曼·貝爾·格迪斯的二號巴士、無牆的房子、空中餐廳和飛行汽車。

貝爾‧格迪斯一輩子都在產生與現有脈絡距離不同的想法。他的商業成功包括伊萊克斯（Electrolux）吸塵器、IBM電動打字機和艾默生（Emerson）收音機。但是他的想像力不受市場狀況的限制：他在1952年寫了一篇叫做〈1963年的今天〉（Today in 1963）的文章，描述一個叫做荷頓（Holden）的虛構家庭，住在一個充滿飛行汽車、丟棄式衣服、立體電視和太陽能的世界裡[4]。這種富有彈性的想像力，讓我們能夠找到熟悉與新意之間的甜蜜點。

達文西（Leonardo da Vinci）也是能夠遠近偵察的大師。身為專業工程師，他會思考真實世界的問題，有些有立即的重要性，有些簡直就是當時的科學幻想。在實際的一端，他知道米蘭地下道的水閘門很難操作，容易鬧水災。他研究這個問題，找到了創新的解決辦法：他將傳統的直線下降的水閘換成了向兩側打開的鉸鏈門，並且換了更能不漏水的密封墊[5]。改變並不大，但是極有價值。人們至今仍在使用他的基本設計。

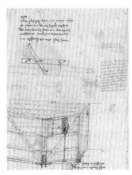

達文西畫的水道鎖草稿圖，以及米蘭根據他設計建造的水閘。

達文西比較離奇的設計包括飛行機器。他在個人筆記本上畫了幾千張草稿和筆記，包括降落傘的設計。他可能不是第一位設計降落傘的人（一位無名的義大利工程師之前也畫過）[6]，但是達文西是第一位設計出可以實際操作模型的人。他仔細計算降落傘的大小，以期能安全降落。他提供了很仔細的草圖和文字：

> 如果一個人用布做成帳篷，所有開口都封住，寬度與深度都有23英尺，就能從很高的地方跳下來，而不會受傷了。

人類還要等好幾個世紀才能飛翔。直到十八世紀，熱氣球出現了，法國人路易－塞巴斯蒂安・雷諾曼（Louis-Sebastien Lenormand）才「重新發明」了降落傘。2006年，達文西畫了降落傘草稿之後大約五百年，人們實際執行了他的設計。

艾德里安・尼可拉斯（Adrian Nicholas）用十五世紀的米蘭也找得到的帆布和木頭，做了一個複本。降落傘重達 200磅，但是尼可拉斯願意冒險一試。他坐熱氣球到一萬英尺高空，戴上降落傘後往下跳。降落傘成功發揮了作用。事後他說，文藝復興時期設計的降落傘「比任何現代降落傘都更為順暢」[7]。達文西創造了離他的蜂窩非常遙遠的新事物。五百年後，他的發明在未來遙遠的地方降落了。

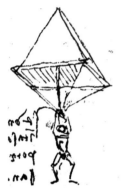

達文西設計的降落傘，以及五百年後尼可拉斯的大膽一跳

偵察蜂有時會到太遙遠的地方，蜂群沒有跟上。同樣的，許多看起來很棒的想法從未被實踐。貝爾·格迪斯的飛行汽車和牆可以上升的房子都屬於永遠沒有到來的未來。達文西的筆記本上也有許多無人聞問的想法，例如從未建築起來的「理想城市」。可是當一個激進的想法最後有了一群追隨者時，我們會坐起來注意。

記得貝多芬的大賦格嗎？他作曲時，飛得太遠了，但是當他發現距離太遠的時候，他回到靠近蜂窩的地方，用比較不那麼野心的樂章取而代之。直到臨終，貝多芬都還堅持，被拒絕的大賦格是他最好的作品之一。它落在了如此遙遠的地方，即使作曲家如此有名，也受到好幾代人的忽略。貝多芬死後一百年，樂評家仍然認為這首曲子「沉悶、粗野、不重要、太使力了、浮誇、過於用腦、晦澀、不實際、愚蠢、瘋狂、不合

The Runaway Species

邏輯、缺乏形式、沒有意義」[8]。但是貝多芬最後還是獲得平反。出於對他其他曲子的喜愛，導致音樂家重新評估最受忽視的大賦格。就像畢卡索採取危險的大跳躍，創造了〈亞維農的少女〉，貝多芬在更早一個世紀之前，也採取了同樣危險的大跳躍。在二十世紀早期，古典音樂所用的辭藻改變了，曾經非常令人震驚的創新開始成為主流。大賦格現在被視為貝多芬最偉大的成就之一。雖然當初不清楚大眾是否能夠接受，但是令人意外地，在他過世很久之後，大眾確實接受了。

我們已經看到了，產生有用的創作時，我們永遠無法知道世界需要什麼，或是會如何接受。只用既有方式創作的人不會有突破，但總是跳進時光機或海底大廈的人可能永遠無法有能力真的實踐夢想。與其待在一個固定的距離，最好的策略是產生不同距離的點子，有些離家近，有些飛得更遠。

第十章

容忍風險

　　十九世紀晚期，像紐約和芝加哥這樣的城市開始往外擴張，也往上發展，都會到處林立著高樓大廈；電梯也應運而生。早期的電梯移動憑藉蒸氣或液壓，速度很慢也不可靠，成本高還很難維修。電力逐漸普及之後，美國發明家法蘭克・史普拉格（Frank J. Sprague）看到了機會。他其實不是第一位用電力推動電梯的人——十年前就有一家德國公司發表了原始模型。史普拉格堅持將這個新主意變成商機。幾年內，史普拉格與一位同事將摩天大樓裡運送行人上上下下的電梯所需要的所有零件都分別申請了專利。

　　但是很難打入電梯製造業。奧的斯電梯公司（Otis Elevator Company）做的是老式的液壓電梯，幾乎佔有了電梯製造的整個市場。史普拉格宣稱，他的電梯可以比任何液壓系統表現得

更好，但是建築商不願意使用未經檢驗的技術。史普拉格明白，如果他想要挑戰奧的斯，他必須承擔大部分的風險。

他需要建築一棟大廈，裝上自己的系統。他找到了願意合夥的建商，蓋了紐約的郵電大樓（Postal Telegraph Building）——十四層高的大廈。他協商裝了六座電梯。合約對建商有利，史普拉格在開工時沒有拿到錢。為了簽合約，他答應如果系統沒有達到他所說的效果，就會自己花錢裝液壓系統。

史普拉格日夜趕工，設計、生產並測試各個零件。同時，他掙扎著付出帳單。正當他找到一位主要投資者時，經濟下滑，信用貸款吃緊，投資者不得不放棄。史普拉格只好將自己的錢投入公司，保持融資流動。

最後，第一座用電力推動的電梯終於裝好了，史普拉格宣布要帶著他的團隊坐第一次載客的電梯。大家在地下室走進電梯。門關上了，電梯往上升。電梯過了一樓、二樓、三樓……到了頂樓，史普拉格發現出了問題。電梯沒有慢下來。電梯超過了頂樓，還一直往上升。在發展未來電梯的門檻上，史普拉格和同事快要衝破天花板，飛到天上了。

＊＊＊

當大腦用驚喜代替安全、未知代替已知時，最有創造力。但是心智的跳躍有其代價：風險。我們無法嘗試從未有人嘗試過的事物，卻仍然有把握結果會如何。

史普拉格的電梯之旅並非他第一次對高風險下賭注。幾年前，他站在維吉尼亞州里奇蒙（Richmond）山腳的黑暗中，準備測試電車。

　　第一輛電車的靈感來自火車。笨重的電力發動機放在車廂中，乘客坐在車裡，又熱又擠。史普拉格想到了，可以將發動機放到車底，釋出車廂空間，用軌道上面懸掛的電線推動車子。

　　史普拉格的早期測試結果有好有壞。有一次測試時，發動機冒出火花，一位投資者不得不跳車逃命。沒有人受傷，但是卻嚇跑了其他的投資者。有些商人知道，這裡有便宜可撿，給他90天生出十二英里長的軌道以及四十輛電車。如果系統運作無虞，他們才會付錢。

　　史普拉格知道他太冒險了，他已經同意建造「數量幾乎等於全世界正在使用的發動機總數」[1]。後來他寫道：「我們只有機器藍圖，以及一些粗糙的實驗設備，有一百多項細節都還很弱。」

　　一開始就很不順利。鋪軌道時，史普拉格得到傷寒。身體恢復之後，他發現軌道鋪設得很差，有很多不盡完善之處，而且轉彎角度過於尖銳。更糟糕的是，他發現山坡比他原先想的更陡，使得挑戰更大。史普拉格不確定他的電車可以爬上這些山坡，決定在晚上進行測試，以免吸引眾人注意。電車爬過幾個山坡，到了山頂，發動機就壞了。史普拉格假裝沒事，等到好

奇的路人都離開之後，才開始修理。

　　與此同時，時鐘仍在滴答滴答地走，錢都要燒光了。原本的期限過了，史普拉格不得不重新協商合約。投資的商人刻意壓低價格，史普拉格沒得選，只能接受他們的條件，否則就得關門了。史普拉格叮囑他的會計：「能夠遣散的人就遣散……每一塊錢都能省則省，能夠拖欠的帳就拖著，不要立刻付清。」為了強調，他用大寫字母重申一次：除非絕對必要，不要付任何帳單。

　　最終期限到了，史普拉格的電車開始啟動。在各種不可能的條件下，他驚險地成功了。史普拉格跳進了未知，發明了第一輛電車系統，開始他的企業王國。他的公司每週載運四萬名乘客。他的創新成為經得起時間考驗的成就。史普拉格的設計重點是將發動機放在車底，以及使用車頂的電纜，直到今天仍在使用這樣的設計。

　　快轉到幾年之後，史普拉格的下一個大賭注：電梯。這就是為什麼他會出現在郵電大樓裡，一路往上升。後來，他回憶到，很害怕最糟糕的情況即將要發生了。「我看到自己以每分鐘四百英尺的速度，撞上頭上方的滑輪，電纜斷裂，然後用四秒鐘，直直掉落十四層樓……一堆扭曲的肢體和金屬，讓法醫相驗。」

　　很幸運地，史普拉格的團隊裡，有一個人沒進入電梯。當他看到電梯失控時，立刻拉下主控制閘，讓電梯停下。史普拉格

在任何人再次搭乘之前，裝了安全閥。

　　雖然嚇了好大一跳，但是他無懼地繼續向前。經濟壓力持續惡化。他以未來收入當作信用，借錢買更多零件。最後，他到達了終點：電梯系統果然如他所說的發揮了作用。他寫信給一位投資者：「我努力工作，並保持信念，但是挑戰確實極為艱辛。我在技術上勝利了，但是如果我再冷靜得更久一些，我會全面獲勝。」

　　我們不但要感謝他的天才，也要感謝他對風險的高度忍耐力，我們今天搭乘的電梯就是源自他的設計。

面對恐怖的無懼

　　一般而言，創意輸出都會歷經多次失敗才能成功。在人類歷史中，新創點子總是出自可以忍受失敗的環境。

　　例如愛迪生面對的挑戰。發明白熾燈泡的早期問題之一是：燈絲不是太快燒掉，就是太不均勻。1879 年某一天，愛迪生將純碳揉進很細的線，扭轉成馬蹄形，結果發出的光既穩定又明亮。燈絲成功了，但是愛迪生知道他無法用這種燈絲獲得商業成功。他開始尋找替代品。「搜尋大自然的倉庫。」他試過各種植物、紙漿、纖維素、麵粉、衛生紙、合成纖維[2]。

　　他試過將燈絲泡在煤油裡，用烴氣將其碳化。他最後決定日本竹子是最佳選擇。愛迪生後來說：「關於電燈，我創造了

三千個不同的理論，一點也不誇張。每一個理論都很合理，而且很可能成真。但是只有兩個實驗應驗了我的理論。」

愛迪生沒有發明電燈泡——是漢弗里・戴維（Humphry Davy）在七十九年前發明的——但是愛迪生勤奮發掘各種選擇，無懼地面對錯誤，讓他得以發展出第一個可以大量生產的燈泡。正如愛迪生說的：「我們最大的弱點就是放棄。想要成功，最有效的方法就是再試一次。」[3]

經過世代輪替，美國物理學家及發明家威廉・肖克利（William Shockley）發現如何用半導體加強電力訊號。但是他的計算有一些錯誤，有一年之久，理論與實驗就是搭不上線。他的團隊一次又一次的實驗，都得不到結果。他們一直在迷宮中遇到死巷子。在這段時間裡，大家都非常沮喪，但是並不因此退縮。最後，他們找到方法，整理出肖克利期待中的效果——在迷宮另一端，他們進入了現代的電晶體世界。肖克利後來談到這段充滿錯誤的時光時，他說是「找出途徑的自然錯誤過程」。

一次又一次失敗的錯誤過程也讓詹姆斯・戴森（James Dyson）成功發明第一個沒有袋子的吸塵器。他做了5127個原型，花了15年的時間，才成功做出上市的產品。他讚美錯誤，如此描述這個過程：

> 無數次，發明家放棄自己的點子。我做出第15個原型時，第三個孩子誕生了。到了第2627個原型，我和妻子真的財務

吃緊了。到了3727個原型，我的妻子開始教美術課，賺一點錢貼補家用。這些時刻都很艱難，但是每次的失敗都讓我更接近成功。」[4]

公眾可以拒絕

當阿波羅十三號在太空中傾斜，氧氣越來越少時，基恩·克蘭茲對美國太空總署工程部宣布「失敗不是一個選項」。救援任務成功了，但是我們不應該誤解最後的快樂結局：他們面對的風險是真實的。往往，失敗確實是選項之一，即使是偉大的想法也無法保證成功。

以米開朗基羅為例。畫完西斯汀教堂（Sistine Chapel）20年後，他又受到委託，在教堂聖壇上面畫〈最後的審判〉（Last Judgment）。米開朗基羅忽視教會傳統，融合了聖經故事與希臘神話。他在基督教地獄裡畫了希臘冥王的船夫夏隆（Charon），帶死人渡過冥河，而冥界判官米諾斯（King Minos）正在審判亡靈。米開朗基羅甚至進一步跨出教會傳統：畫中許多人物都露出生殖器官。

巨大的壁畫立即引起爭議。揭幕後不久，一位曼圖亞公使（Mantuan envoy）寫信給他的主教：

您可以想見，這幅畫非常美，但是也有很多人詛咒它。戴蒂尼修會（Theatines）的修士首先表示，在這種地方「展示

他們的私處」並不恰當[5]。

梵蒂岡助理生氣地告訴教宗保祿三世（Pope Paul Ⅲ）：「這不適合教宗的教堂，只適合廚房和酒吧。」[6]主教們展開遊說，希望將整幅畫塗白遮蔽。教宗站在米開朗基羅這邊，但是特利騰大公會議（Council of Trent）接著發佈禁令，禁止不洽當的展示。米開朗基羅過世之後，壁畫上的許多生殖器被畫上了布幔或無花果葉子。接下來的幾世紀，更多的無花果葉子被畫上去了。

20世紀末，教會修復〈最後的審判〉，洗掉了一些無花果葉子。生殖器露出來，一位受到審判的男性竟然是女性。修復師留下了第一批加上去的葉子，認為這些葉子雖然遮蔽了部分原作，但同時也拯救了米開朗基羅的壁畫。米開朗基羅對教會當局冒了一次風險，使得一代又一代的人從未看過他的壁畫真正的全貌。

作曲家捷爾吉‧里蓋蒂（György Ligeti）在大眾的接受度上也遇到類似問題。1962年，荷蘭希爾佛桑市（Hilversum）請他為建城四百週年作曲。里蓋蒂有了一個非傳統的想法：曲子用了100個節拍器。每個節拍器都打同樣次數，但是速度不一。它們同時開始，然後慢慢的一個一個停止。最快的先停止，最慢的最後停止。

首演時，民政局官員和貴賓都去參加慶祝音樂會。歡樂的音樂演奏著，到了特定的時刻，里蓋蒂和十位助手穿著大禮服上

台。作曲家負責指揮,助手啟動節拍器,然後讓它們自動打擊節拍,直到逐個寂滅。曲子結束了,里蓋蒂說:「當最後一拍結束後,現場一片死寂。然後響起瘋狂的抗議聲。」[7]

之後的那一週,里蓋蒂和一位朋友坐下,準備觀賞電視裡的音樂會轉播。「我們坐在電視前面,等著看即將播出的錄影。結果播出的是足球賽……希爾佛桑市議會緊急要求電視台禁播。」[8]

就像米開朗基羅的壁畫,里蓋蒂的音樂也存活了下來——接下來幾年,這首曲子變得非常有名。

後果並不總是存活與接受。1981 年,已經是很有地位的藝術家理查・塞拉(Richard Serra)接到委託,為曼哈頓一座中央辦公大樓創作裝置藝術。他設計了〈歪斜拱門〉(**Tilted Arc**):120 英尺長、12 英尺高、有曲度的鋼製品,刻意破壞了行人進入前方廣場的通路。很多人不喜歡繞路進辦公室,提出抗議,不歡迎這座「生鏽的金屬牆」。公聽會上幾乎有兩百人作證。反對者稱之為「令人心生懼怕」、「老鼠籠子」。藝術家同儕為塞拉說話,塞拉本人也出現在法庭。結束後,聽證會委員以四比一的投票結果,決定拆除雕塑。工人將〈歪斜拱門〉切成一片一片運走了。塞拉想要打斷不變的規則性,但是時間與地點都不適合急於上班的紐約人。我們再也看不到〈歪斜拱門〉了。

理查・塞拉短命的〈歪斜拱門〉

　　人類文化充滿被大眾拒絕，然後消失的點子。不怕累的發明家愛迪生問自己，明明就可以有更便宜的鋼琴，為什麼工作辛勤的美國人要花一大筆錢買史坦威（Steinway）鋼琴。他希望把音樂帶入每一個家庭，於是設計了水泥做的鋼琴。1930年代，勞特鋼琴公司（Lauter Piano Company）做了幾架水泥鋼琴，但是很不幸的，聲音品質不佳，而且每架鋼琴重達 1 噸。沒有人想用水泥做的鋼琴裝飾客廳。

我們完全無法控制民眾是否會接受某個點子：無論創造者認為他的想法有多麼偉大，都可能是逆風而行。1958 年，福特汽車公司（Ford Motor Company）做出一種名為「E 車」（E-car）的實驗汽車，想要挑戰對手奧斯摩比（Oldsmobile）和別克（Buick）的車種。福特的汽車擁有許多先進設備，例如標準配備的安全帶、油量警告燈、引擎過熱警告燈、以及創新的換檔按鈕變速器。車子的設計如此保密，公司甚至沒有做任何市場調查。正式發表之後，E 車成為汽車製造業史上最大的災難。E 車的風格，尤其是「像馬桶一般的護欄」受到大眾嘲笑。公司在 3 年內損失了 3.5 億美元，等於是今天的 29 億美元。

　　幾十年後，可口可樂公司（Coca-Cola company）因為百事可樂（Pepsi）而逐漸失去市場佔有率，於是重新設計了旗艦飲料：1983 年推出新可樂，口號是：「最好的變得更好了。」（The Best Just Got Better.）很不幸地，大眾並不同意。後座力非常強烈，充滿敵意的電話湧進公司熱線。一封信寫給「可口可樂公司的笨蛋渡渡鳥」。一位西雅圖男性提出集體訴訟，甚至連古巴總統卡斯楚（Fidel Castro）也抱怨了。經過痛苦的 77 天，原味配方的可樂又回到市場上，重新命名為「可樂經典」（Coke Classic）。新可樂就像 E 車和水泥鋼琴一樣地悄悄消失了。

　　不是每一個新點子都能安全著地。米開朗基羅、里蓋蒂、塞

拉、愛迪生、福特、可口可樂都明白，嘗試新事物時，無法保證成功。他們擁有很多成功，卻從不逃避賭博冒險。

冒著長時間的危險

1665 年，臨終的法國數學家皮埃爾・德・費馬（Pierre de Fermat）在一本書的扉頁邊緣寫下優美的定理，並註明自己沒有足夠空間寫出證明。他還沒多做解釋就過世了。一代又一代的數學家想要找出證明，卻未能成功。許多人花了一輩子，到死都未能解決這個問題。沒有人能夠確定費馬最後定理是正確的，也沒有人知道是否真的能夠找到證明。

安德魯・懷爾斯（Andrew Wiles）十歲時，在公立圖書館架子上隨手拿了一本書，讀到了費馬最後定理。「看起來這麼簡單，但是歷史上所有的偉大數學家都無法解決。我才十歲就可以了解這個問題，那一刻，我知道永遠不會放下來了。」[9]

試圖解決費馬最後定理簡直就像是緣木求魚。懷爾斯成年之後，祕密地在這個問題上花了七年的時間研究。他完全不知道自己是否能夠成功，所以沒有跟女朋友提及，直到婚後才告訴她。

試圖解決問題時，懷爾斯混用了從未被混用的數學技巧。他充滿創意地用了一些費馬不可能知道的技巧。最後，1993 年6 月，他在英國劍橋演講時，等到最後時刻，宣布自己解決了

費馬最後定理。觀眾非常興奮。才幾小時這件事情就出現在頭條新聞上。這是歷史性的時刻：300 年來神秘無解的數學問題終於被破解了[10]。同儕都在等他發表，各國媒體都報導了懷爾斯的發現。經過多年辛苦工作之後，懷爾斯解決了人類最難解的智力問題，終於聞名於全世界。

但是懷爾斯犯了一個錯誤。審稿者在他的文章中發現了一個邏輯缺陷。大膽宣告的半年後，他提出的費馬定理證明被廢除了。

那年 9 月，他的妻子告訴他，她的生日只要正確的證明作為禮物。她的生日來了又去了，秋天過了，冬天也過了。懷爾斯嘗試一切方法修補缺陷，但是全部以失敗作結。

1994 年 4 月 3 日，懷爾斯收到一封電子信，有一位數學家發現了一個很大的數字違反費馬最後定理。懷爾斯面對了一直以來懼怕的結果：他之所以會失敗，是因為定理根本就是錯的。花一輩子面對如此困難的挑戰，最無法克服的就是這一個了。他把自己的事業全賭在不是真實的定理上。

後來懷爾斯發現，他在 4 月 3 日收到的信其實是 4 月 1 日發出的愚人節信件。他又重新燃起希望。懷爾斯繼續研究，那一年，他修好了證明。「真是不得了的美好，那麼簡單，那麼優美高雅。我不懂當初我怎麼會沒看到，我就那樣不可置信地盯著它看，看了 20 分鐘。那一天，我在系裡走來走去，不時回到桌前看看它是否還在那裡。它還在。」

一年後，懷爾斯將正確的證明送給妻子作為生日禮物。他贏了這一生的賭博：沒有受到錯誤的影響，懷爾斯終於衝過了終點線。

以我們所知，其他的動物根本不可能有這種行為：鯊魚、白鷺鷥、穿山甲不會投身長期的危險計畫。只有人類才會有懷爾斯的這種行為。這種行為需要幾十年的延遲滿足：抽象、想像的獎賞驅動著行為，持續往前。

終曲：運用有創意的心智

人腦裡早就裝了創造力的軟體，準備好要扭曲、打破和混合我們周遭的世界。腦子會生出一大堆新的可能，大部分不會實踐，有些則會。沒有其他物種會有如此的活力與堅持，致力於重新想像世界風貌。

但只是跑軟體並不足以成事。當我們不把過去視為神聖不可侵犯，而是創新的飼料，才會產生最棒的創意行為──當我們重新創造不完美的過去，或是重塑我們喜愛的過去。大腦不只產生一個創新，而是許多創新，並將這些創新延伸到與既有現實不同的距離。這時，創新就有了翅膀。肯冒著風險和面對錯誤時的無懼會推進有想像力的飛翔。

對於創作和創新，我們獲得了什麼教訓呢？不要立刻侷限在第一個解決方法，是一個很好的習慣。腦子是神經彼此連結

的森林，但腦子是為了效率而生，常常喜歡落在最熟悉的答案上，很難直接跑到最沒有預期的想法上。達文西總是不信任他對於問題想到的第一個答案——懷疑這是過度學習的規律性作祟——總是會繼續挖掘其他可能更好的選擇[11]。他總是離開最容易的軌道，發掘他的神經網路中隱藏著的其他東西。

從愛因斯坦到畢卡索，最能夠帶來突破的人都很多產，提醒我們，創作心態的核心就是不斷創造[12]。就像許多其他的人類行為一樣，創造力也是越練越厲害[13]。

當我們檢視有創造力的心智，也會發現「打破自己的好東西」的重要性。創新者不喜歡花時間複製自己，因此，很多藝術家的生涯分為幾個階段。貝多芬和畢卡索年紀大了之後，作品持續改變，充滿實驗性。愛迪生以留聲機和燈泡開始自己的事業，卻以合成橡膠結束。這些創造者的策略就是不要模仿自己。普立茲獎得獎劇作家蘇珊－洛瑞・帕克斯（Suzan-Lori Parks）也使用這個策略，挑戰自己花一整年時間，每天寫一個不同的劇本[14]。這一年的劇本包括寫實故事、概念性的作品以及即興劇，一直在打破既有的劇本模式。

很多創意思考發生在潛意識裡，但是我們可以讓自己處於獨創、有彈性的情況，以加強創意思考。我們不要倚賴已經成形的事物，要經常做各種實驗，包括食譜、自製問候卡和邀請卡。現在出現了大量的公開創作場合：全球各地的城市都冒出了許多創作者市集（Maker Fair），讓熱心的技術設計

師、手工藝家、食物藝術家、工程師、藝術家聚集一處；自造實驗室（FabLab）、創造空間（Makerspace）與創客空間（TechShop）都蓬勃發展，為藝術創作、珠寶、手工藝、零件創造彼此連結的社群。網路上也出現了許多創意圈子，將藝術家沙龍和駭客工作室都搬到我們的桌上。感謝這些計劃的草根性，創意的草原在我們可及的範圍裡茁長茂盛。

腦子是有彈性的，不是像石頭一樣固定，而是一直在重新建構自己的迴路。即使年紀漸長，新意仍然推動著彈性，每一個意外都蝕刻出新的路徑。人腦從未停止重新設計迴路。我們一生都在不斷改變，從未定形。終生的創意協助維持生命的彈性。當我們重塑身邊的世界，我們也在重塑自己。

現在我們更了解人類創造力了，那我們要如何提升從課堂到會議室的一切呢？

第三部

培養創造力

有創意的公司

有創意的公司所面對的挑戰

2009年，工人拆除加州柏本克（Burbank）的一座橋，發現了負責都市計畫的肯尼斯・諾伍德（Kenneth Norwood）於1959年埋藏的時光膠囊。他預言柏本克的未來公民會住在塑膠建成的公寓建築裡，電力經由地下原子能以地層震動傳輸。城市交通也會改變，街邊停車位和停車場都被自動化旋轉系統取代。為了減少交通壅塞，貨物經由地下輸送帶運送，有點像送信件的氣動管道[1]。預言很清楚也很有創意，但是沒有一項真的實踐了。

諾伍德不是唯一失靈的水晶球。世界博覽會是世界創新的發表平台，但是他們在預測未來突破上表現的很糟糕。1893年，芝加哥世界博覽會展場非常大，吸引了幾百萬人來參觀最新型

的風車、蒸汽船、電報、電燈、電話。博覽會是一個大膽的未來世界。但是，當時沒有展出的汽車和收音機卻成為20年內改變社會的發明[2]。同樣的，當主機電腦還大到佔據整個房間的時候，1964年紐約世界博覽會的住宅建商都無法看到幾十年後，桌上型電腦會成為現代家庭生活的一部分。經過歷史的後照鏡，技術里程碑在進步的路上都顯得非常宏偉。但是對於開往明天的人而言，路標都被雲霧遮住了。丹麥俗語說：「預言很困難——尤其是對未來的預言。」（Prediction is difficult – especially of the future.）每一個時刻都有幾十億的腦子消化著既有世界，然後吐出新的版本。我們的發明特質創造了一連串的驚喜。因此，我們很難預見未來，無法有把握的下賭注。

結果就是，許多好主意都陣亡了。在發明汽車的早期，許多造車廠都失敗了[3]。包括ABC, Acme, Adams-Farwell, Aerocar, Albany, ALCO, American Napier, American Underslung, Anderson, Anhut, Ardsley, Argonne 和 Atlas，而這還只是A字母開頭而已，就像1983年市場萎縮時，許多電玩公司也都失敗倒閉了，例如Sears Tele-Games systems, Tandyvision, Vectrex, and Baily Astrocade。2000年，網路註冊.com的趨勢崩盤，許多公司都關門了，諸如Boo.com, Freeinternet.com, Garden.com, Open.com, Flooz.com, Pets.com，投資者血本無歸地損失了幾億美元資金。生物科技公司有百分之九十失敗的機率，很多很大的生物科技公司都倒閉了，包括Satori, Dendreon, KaloBios, NuOrtho 等。大

部分公司的名稱早已被遺忘，所以我們無法感受到有多少死亡的公司躺在創新的地上。正如維也納眾多的作曲家裡也只有一位貝多芬一樣，幾百家車廠中也只有一家雪芙蘭（Chevy）。

創意即使活了下來，也可能很短命。1901 年，奧維爾·萊特（Orville Wright）演講，談論人類飛行的夢想。他將一張紙射到空中。觀眾全神貫注地看著，萊特指出，紙張在空中像「沒有訓練過的馬」一樣亂飛。他說：「人類必須學會管理這種駿馬，飛行才能成為日常運動。」[4] 當時的人可以乘氣流飛翔，進行滑翔運動，但是無法控制方向：飛起來的器械完全受到風勢所控制。為了解決這個問題，萊特兄弟發明了機翼扭轉的技術，用纜線拉動機翼以引導飛行器。1903 年，他們的飛機——*Kitty Hawk* 飛上了天，並可以轉彎、降落，成為第一個成功的人類飛行經驗。

雖然萊特兄弟受到美國與歐洲的尊敬，他們的機翼扭轉技術——他們偉大成就的基礎——卻迅速過時。英國科學家馬修·博爾頓（Matthew Piers Watt Boulton）早在 1868 年就已經為鰭片（折合板）申請過專利。萊特兄弟成功之後不久，法國飛行家羅伯特·埃斯諾－佩爾特里（Robert Esnault-Pelterie）用博爾頓的發明做了一架滑翔機[5]。10 年內，萊特兄弟的系統成為過去，鰭片（所有現代飛機都仍在使用）更為穩定可靠。萊特兄弟的創意在發表之後沒多久就夭折了。

任何想要領導創新的公司都需要和三頭怪獸掙扎：未來難以預見、大部分的創意會死掉、即使是偉大的概念也無法保持長久。那麼，有創意的公司要怎麼做呢？

努力超越可能的範疇

在1940年代，灰狗巴士公司（Greyhound Bus Lines）想要讓巴士旅行更為時尚。但是時機正確嗎？這時的美國剛剛度過經濟大蕭條時代（Great Depression），現在又陷入第二次世界大戰，因此，企業負責人必須保守一點。但是他們還是想要先一步計畫未來的榮景，因此請了工業設計師雷蒙德‧洛威（Raymond Loewy）發展未雨綢繆的概念，想像未來的巴士可能是什麼樣子。洛威提出了景觀巡弋巴士（SceniCruiser）的設計。這種新型巴士可以承載多人，吸引更多人把自己的汽車留在家裡，一起乘坐巴士旅行。為了搭載更多乘客，景觀巡弋巴士擁有歷史上最寬的車輪軸距。首次，巴士有了冷氣和廁所，以及用顏色區分的座椅、座位上方有很大的儲物空間、巴士上層座位配有天窗和休息的吧台區域。有了這個新設計，全家人可以很有品味地旅行全美，享受室外的風景以及室內的舒適。

洛威早期的景觀巡弋巴士草圖

　　洛威的設計極為超現代。他在 1942 年畫了草圖，完全知道實際製造景觀巡弋巴士還需要一些當時不存在、可能好幾年內都不會出現的工具[6]。但是他想成為新道路的起點。

　　當時的美國已經好幾年沒有過上好日子了，這個豪華的概念顯得非常不切實際。巴士根本不可能運作：軸距過長，一般道路和巴士站都無法容納。但是灰狗巴士的高層主管看到了洛威設計的未來，一旦同盟國宣告戰勝，公司就會開始製造巴士原型。戰後的美國開始修路，建築州際公路系統，景觀巡弋巴士的舞台終於搭建完成。1954 年，第一輛豪華巴士駛出灰狗車站，成為當時最受歡迎的旅行方式。

灰狗公司經過修改的景觀巡弋巴士

　　灰狗公司的思考能夠超越既有常態，準備好迎接時代的改變。工業設計師阿爾伯托‧阿里西（Alberto Alessi）說過：「『可能』的範圍是我們發展顧客會喜愛並購買的產品的範圍。『不可能』的範圍則是大家尚未準備好，無法理解、無法接受的新計畫。」有創意的公司會在「可能」的邊緣運作，盡量接近「不可能」。

　　過程中，創意的內容一定會射得太遠，就像灰狗公司；汽車製造業也不會只做今年的車種，甚至明年的車種——取而代之的是，他們會飛到未來的遠處，設計概念車，有著旋轉駕駛座、駕駛從擋風玻璃那邊坐進車子裡、形狀浮誇等等。

豐田（Toyota）FCV Plus、賓士（Mercedes）F015、豐田（Toyota）i-Car和
寶獅（Peugeot）Moovie

　接下來十年，他們打算製造這些概念車嗎？或許會，或許
不會。就拿賓士（Mercedes-Benz）的Biome來說吧。為了解決
廢棄車輛的環境議題，公司的工程師設計了可以生物分解的車
子，看起來、感覺起來和開起來都像標準汽車，但是整個車體
都是由種子做成。這輛車零排氣量，燃料不是存在油箱裡，而
是流經車體與車輪。有機的太陽能車頂可以提供內建設備的能
源。目前，Biome只存在於電腦中。賓士尚無計畫實際製造生
產。概念車的目標不是**成為**下一個製造的新車種，而是讓我們
專注於一個遙遠的可能性，當我們檢視遠處夢想時—無論社會
是否會往那個方向走——可以精密修正我們的下一步。

賓士的Biome車

高級服裝訂製業也是一樣，時尚被延伸到了遙遠的未來。

皮爾·卡登（Pierre Cardin）、安提·阿斯普倫德（Antii Asplund）、
維克多&羅夫（Viktor & Rolf，最後兩張）的高級訂製服裝

沒有人會穿這些前衛的衣服——現在不穿，以後也可能不會穿。但是遠離蜂窩的飛翔可以淬鍊一個人對可能性的觀點。藝術家菲利普・加斯頓（Philip Guston）說：「人類意識會移動，但不會跳躍，一次只會移動一吋。一吋只是個小小的跳躍，但是很重要。你要去很遠的地方，然後必須回來——看看你是否可以移動那一吋。」

因為我們無法事先知道商業成功的花蜜在哪裡，有創意的公司必須經常旅行到離蜂窩不同距離的地方去。美國家庭都知道，勞氏公司（Lowe's）是很大的家庭用品零售商，商品從馬桶蓋到後院發電機都有。但是他們也做過更激進的事情。勞氏公司聘請一群科幻小說作家，協助他們看到未來家庭的需要。這個團隊推出了虛擬房間（Holoroom）：顧客毋須將油漆和布料樣品帶回家去，而是在虛擬空間以立體且原有大小的規模，重建自己的居家環境，測試各種商品。店員暱稱虛擬房間為「婚姻拯救者」（the marriage saver）。

勞氏創新實驗室的虛擬房間

同樣的，微軟公司（Microsoft）也忙著建造未來的數據中心，但是有一個重要問題：巨大的電路產生很多熱能。微軟正在用完全防水的水中箱子做實驗，將電腦伺服器放到深海裡。主機和水根本不相容，用海水冷卻設備完全不是標準做法。有許多問題尚無答案，包括環境影響——但是如果有用，沉在水裡的伺服器可能就是未來趨勢。第一個原型最終安全上岸，上面佈滿藤壺[8]。

　　無獨有偶，費雪牌（Fisher-Price）嬰幼兒玩具公司持續修改搖籃、娃娃推車和玩具，推陳出新。同時，他們也注意著下一代的親職風格：他們正在研究科技進步將如何影響未來的親職方法。費雪牌的「親職未來」系列設計包括內建健康監測系統的搖籃、牆上的全影投射追蹤孩子的身高、可以用來練習拼字的數位黑板窗戶。費雪牌公司說：「我們檢視的某些趨勢即將成真。有些可能永遠不會成真。我們受到童年啟發，以孩子般完全開放的心態，想像各種兒童發展階段的可能性……」

　　測量可能性的邊緣可能很困難。讓我們看看 1950 年代飛歌公司（Philco）推出的電視吧。它擁有其他電視從未有過的設計：相當平扁的螢幕、能夠旋轉。廣告宣稱：「吃飯的時候對著餐桌播放，之後再轉向客廳！」[9]

The
Most
Advanced
TV
Of Our
Time!

Predicta

TELEVISION

Another Dividend
of Philco Research

　但是顧客不買帳。這種電視大膽地朝向未來，但是落在了阿里西說的「不可能」的範圍裡。電視愛好者稱之為「電視界的E車」（譯註：上一章提過，福特公司失敗的車種）。上市兩年後，飛歌公司關閉了整個電視部門。

　除此之外，設計師菲利普‧史塔克（Philippe Starck）和阿里西的公司花了五年發展光滑有光澤的熱伯塔（Hot Bertaa）茶壺，結合了手把和壺嘴。

　　　　　　　阿里西發表了茶壺。其獨特設計遠遠超過了一般人能夠接受的範圍。阿里西認為這是他們「最美的慘敗……我喜歡慘敗，因為只有這時候，才會有一束光，讓你看到成功與失敗之間的邊緣。」[10] 他說：「這是珍貴的經驗。」失敗可以協助公司發展新的計劃。

　很難知道哪個選擇會贏，所以公司需要支持許多點子。本書

作者之一（大衛）和學生史考特·諾維奇（Scott Novich）設計了一款感官服裝：多變式感官感應器（Versatile Extra Sensory Transducer）。這件背心可以將振動音頻轉變為對胸腔的振動模式，讓聾人感受到震動，以致可以「聽見」。感謝神經的可塑性，腦子可以學習如何從皮膚感受詮釋聲音。但是背心並不僅僅如此，它也可以讓飛行員獲得飛機數據、太空人得知國際太空站的狀況、截肢者可以感知自己的人工腿、了解個人隱形的健康狀態（血壓以及微生物群）、或是工廠的機器運轉狀態。它可以直接連接到網路上，將社交媒體或股票市場資料同步傳送給使用者，也可以用來遠距感知機器人，甚至有一天遠在月亮都有可能。背心可以輸入新的數據系統，例如紅外線或紫外線。哪一種功能會在市場中找到立足之地呢？很難說。大衛與史考特的公司忙著探索各種選擇。

神經感知背心的示範

播種範圍必須很大，即使是在很瘋狂的點子上做小小的投資也可能會有所收成。1960 年代，全錄公司（Xerox）已經是影印界的龍頭老大，但是他們看到一個機會：大家會需要電腦列印。為了打進這個市場，他們思考著，可以利用現有設備，例如陰極射線管或是快速旋轉的字母盤。他們已經開始研究了，這時，全錄在紐約州羅徹斯特（Rochester）總部的光學專家蓋瑞·史塔克威德（Gary Starkweather）有了一個奇怪的主意：**雷射光。**

　　全錄的決策者有各種理由認為這個主意行不通。雷射很昂貴，很難操作，而且能量太強。史塔克威德的同事擔心雷射光束會燒錄影像，造成之前影像重複出現的「鬼影」。很明顯的，雷射和印刷根本無法併用。

　　雖然心存懷疑，全錄位於的加州帕羅奧圖（Palo Alto）的創新中心決定試一試。他們邀請史塔克威德來到創新中心並給他一間小實驗室。史塔克威德後來說：「一個團隊有五十個人，另一個團隊有二十個人，我只有兩個人。」[11]他擔心自己人手不夠，因為對手用的是已經有把握的技術。雖然史塔克威德的模型越來越接近可以使用的狀況了，但是全錄的其他研究列印機的團隊也是。

　　最後，各個團隊在公司裡進行比試。每個模型必須成功印出六頁：一頁文字、一頁要有格線、四張是照片和圖案。這時，史塔克威德模型的優點便非常明顯了。「一旦決定那六頁挑戰

之後，我就知道我會贏了。我知道沒有什麼我不能印的。你開什麼玩笑？如果你可以把任何東西翻譯成數位位元，我就能印出來。」比賽結束之後幾週，公司就關閉了其他的列印機研究部門。史塔克威德遠離蜂窩的飛翔獲勝了，雷射印表機成為全錄公司最成功的商品之一。

全錄公司願意支持不同的想法和方法，即使只做了小小的投資，也獲得了勝利。班傑明・富蘭克林（Benjamin Franklin）說過：「如果每個人的想法都一樣，那就是根本沒有人在思考。」因為景觀不斷地在改變，聰明的公司會四處廣泛播種，以便找到那一塊肥沃的土地。

不要認為增殖擴散是浪費

多重選擇只是一半的故事：將大部分選擇丟進垃圾桶是另一半的故事。弗朗西斯・克里克（Francis Crick，譯註：發現DNA雙螺旋的英國生物學家、物理學家，於1962年獲得諾貝爾生物及醫學獎）說：「只有一種理論的人很危險，因為他會為了它寧可戰死。」[12] 克里克建議，更強的策略是有很多不同理論，然後廢棄大部分理論。

我們來看看工業設計的過程。持續創新公司（Continuum Innovation）想要製作撫平皮膚的雷射機，一開始先定義想要的特質——專業、尖端、優雅、親切、聰明。創意團隊成員私

下畫出許多理想草圖。然後選出自己最喜歡的設計，畫得更仔細。設計可能很普通或很誇張。這是起點，開始了公司稱之為「設計漏斗」（funnel of ideas）的過程。然後大家再度聚集，從所有草圖中選出一些可以實際操作的設計。

　　選出的草圖繼續做微調，並開始市場測試。設計家發現面談的女性會擔心自己受傷，也擔心雷射會引起火災。於是，團隊明白雷射機必須看起來像是醫療機器，有內建的安全措施，而且易於操作。他們又刪掉了一些選擇。接著做出實際的模型，讓使用者可以親手觸碰到，然後做購買意願調查，看看顧客願意買哪個模型。從這一連串的漏斗測試中，最終贏家出線。這個過程非常倚賴增殖：創意團隊提出許多選擇，並且願意刪除大部份。為了發掘贏家，他們需要提供足夠的競爭者。

持續創新公司的平滑皮膚雷射機原型

我們不容易事先看出來哪一個會贏，成功關鍵就是產生各種選擇，從普通到很前衛的都有。使用提款機的早期，顧客覺得在公開場合提款很危險。富國銀行（Wells Fargo）聘請知名設計公司IDEO協助。他們嘗試了許多點子，包括很貴的潛望鏡或錄影相機[13]。最後的選擇卻十足普通：類似卡車司機用的魚眼鏡。鏡子讓使用者可以看到背後街上的全景，方便評估環境的安全性。我們可能很想說，富國銀行大可不用創意公司就能想到在提款機上面裝一面鏡子，但是藉由探索不同距離，才能夠決定最佳結果。

　　一開始，必須有很多點子流經漏斗，漏斗的長度可以經由快速重複而縮短。谷歌公司的研究發展部門叫做 X。為了快速設計和篩選產品，X 部門有「基地」（Home）團隊和「遠行」（Away）團隊。當谷歌想要生產可以穿戴的電腦——谷歌眼鏡（Google Glass），基地團隊快速創造出可以用的模型。他們用掛衣架、便宜的放映器、透明塑膠片做出螢幕，一天之內就做好了眼鏡原型。遠行團隊拿著這副眼鏡，到購物中心去，進行市調，得到越多回饋越好。

　　早期的谷歌眼鏡重達八磅，比較像頭盔，不像眼鏡。基地團隊終於將重量降到一般眼鏡的重量，以為可以了，結果還不夠。遠行團隊發現問題不只是重量，而是重量落在哪裡。使用者不喜歡鼻樑上有太大的壓力。於是基地團隊將重量換到耳朵上。經由設計和篩選的合作過程，眼鏡計畫很快的測試了許多

選擇，最後產生光滑、可用、首次出現的產品，於2014年上市。

但是即使是這個版本，最後也被谷歌刪掉了。眼鏡太昂貴之外，大部分的問題出在路人不想被鏡頭攝入。放棄眼鏡計畫並沒有傷害谷歌：工程師和設計師換到別的團隊，將他們的經驗運用在其他計畫上。最終，眼鏡只是谷歌樹上許多果子之一，而且還不是最好的果子呢。谷歌有許多其他計畫，所以不怕丟掉沒有用的計畫。

先產生很多想法，又丟掉大部分，似乎感覺很浪費，但這是創造過程的核心。在時間就是金錢的世界裡，將挑戰花在設計或腦力激盪上面看似是生產力損失。我們很容易就簡化努力的過程，因為員工總是在趕時間，市場總是在變動。3M公司提供了一個警世故事。上個世紀的大部份時候，3M公司都被視為創新龍頭，三分之一的銷售來自新的產品[14]。2000年，新的總裁上任了。他想要擴大收益，在研發部門執行了製造業強調的效率。研究者開始規律地寫報告，追蹤研究進展。過程上的變化不再受到歡迎。可以度量的投資報酬率才是最重要的。結果呢？接下來五年，新產品的銷售量下降了百分之二十。這位總裁離開了，繼任者拿掉研發部門的腳鐐。研發部門又活了起來：再一次的，公司三分之一的銷售來自新產品。

創新確實需要猜測，即使大部分的猜測都是死巷子。因此，創新的公司不會把多元的想法當作浪費資源或時間。例如，印

度的塔塔公司（Tata）提供「勇敢嘗試」獎，頒給協助公司理解「什麼**不會**有效」的創新點子。第一年，只有三個提案。當員工更能自在地表現失敗的嘗試之後，提案增加到了一百五十件。

　　同樣的，谷歌的 X 部門為了失敗的冒險計畫獎勵員工。X 的埃思羅・泰勒（Astro Teller）說：「我不相信沒有錯誤的學習環境能夠存在。一開始的失敗很便宜。最後才出現的失敗則非常昂貴。」[15] 谷歌的墳場裡充斥著各種沒有成功的點子：Google Wave（比電子信箱更大規模的內容分享，因此也更令人困惑）、Google Lively（就像〈第二人生〉電玩遊戲）、Google Buzz（網路摘要文件閱讀器）、Google Video（與 YouTube 競爭）、Google Answers（提出問題，得到答案）、Google print and radio ads（將品牌推進印刷與廣播企業）、Dodgeball（地域性的社交網路）、Jaiku（像推特那樣的小型部落格）、Google Notebook（被 Docs 取代）、SearchWiki（注釋與重新搜尋結果）、Knol（像是維基百科那樣由讀者寫文章）、SideWiki（注釋網路頁面）。

　　我們很難覺得「失敗」一詞聽起來像是好消息，因為「失敗」難免讓人想到「往後退一步」。但即使是有缺陷的提案也常常是往前一步，揭露了應該注意的議題，找出進一步的解決方案，讓我們更接近答案。將「失敗」當成「暴衝的想法」或許更貼切：我們嘗試過，又放棄了的想法。多元化和選擇的過

程是創新的基礎。最終，我們想到的過多點子不會決定人類物種走的迂迴路徑，而是由我們選擇追隨的少數點子決定。

重新活化職場

1958年，德國顧問團隊想到了一個主意，打破創新和生產力面對的障礙：景觀辦公室。桌子散落在一個大的開放空間裡，就像花園一樣，有小徑依照工作順序串連著任務與文件流動。「看不到關著的門，沒有人關在盒子裡，沒有長官在角落享受著監督大家的制高點。」[16]

根據估計，美國現在有百分之七十的辦公室擁有開放空間的設計。臉書（Facebook）和谷歌公司就是這樣，蘋果也是。他們的總部設計——像是一個巨大的飛碟——就是要鼓勵流動的合作。「提供開放的空間系統，一天裡的不同時刻，你可能在一邊的辦公室裡，之後又發現自己身在另一邊。」[17]

並不是一向如此。發明尼龍的杜邦化學公司（DuPont）分成幾個自主的分部，每一個分部都有自己的警衛[18]。全錄公司在加州帕羅奧圖的研究中心曾經一度是動物行為研究中心，分為幾個各自獨立的部分，以之前住的動物名稱命名。雷射印表機中心稱為「老鼠室」。1950年代的奇異電器公司（General Electric, GE），以及1990年代的雀巢公司（Nestlē）及索尼公司，就是使用各自獨立的穀倉概念來管理公司各個部門。索尼

的 Playstation──索尼最具創意的產品──就是在一個獨立的遊戲部門分展出來的。這些公司錯了嗎？

不。提升創造力的方法會一直改變。這是可以期待的，因為創新的方法也需要持續創新。沒有單一的方法可以提升生產力。蘇俄科學家沒有谷歌那樣的開放辦公室；美國太空總署的科學家沒有穿運動長褲上班，而是穿西裝長褲、襯衫和領帶。但是他們都上了太空。

開放式辦公室開始流行確實有很好的原因，但是並不適合所有辦公室的需求。正確的做法是培養改變的文化。無論是多麼好或多麼懷著善意的習慣和傳統，過度僵硬就是會使創新受到威脅。我們分析過往的辦公室設計，得到的重要教訓就是：答案一直在改變。進步可能看起來是一條直線，但那只是神話罷了。檢視過去80年的辦公室空間設計，我們可以看到重複的循環。經過1980年代隔牆和隔間的流行之後，我們又回到了1940年代辦公室空間的現代設計。所用的技術與顏色可能不同，但是1940年代和2000年代的空間設計非常相像，連中間的柱子都很像。

| 1940年代 | 1980年代 | 2000年代 |

21世紀的人對開放空間設計已經感到疲乏了。一位前臉書員工說：「管它的免費食物和飲料吧，辦公室糟透了，一個大房間裡滿滿的一排又一排像是野餐桌似的桌子，大家坐的位子只有六吋間隔，簡直是肩膀挨著肩膀，毫無隱私可言。」[19] 紐約客雜誌（*New Yorker*）裡有一篇文章，標題是〈開放辦公室的陷阱〉（The Open-Office Trap），指出開放式辦公室的缺點，例如不斷的吵鬧聲、尷尬的社交偶遇、更容易得到感冒[20]。一連串的批評指出了開放空間的缺陷，可能導致循環的下一階段：更封閉、更有隱私的辦公空間[21]。

　　在公司待了很久的員工對於更改辦公室空間設計都會保持懷疑態度，覺得就像是顧問玩的賺錢遊戲罷了。但是經常改變確實有一個令人意外的優點：打破心智上的僵化。同樣的，婚姻治療師會告訴你，如果一切變成習慣的話，關係會惡化，彼此之間會不再同調。習慣的規則可能變得根深柢固，很難逃脫。無論是職場或家庭，改變可能具有破壞性；但是沒有改變的話，卻又很難維持新鮮的思考。

　　不斷改變的範例就是麻省理工學院（Massachusetts Institute of Technology）的二十號建築。這是二次世界大戰鋼鐵短缺時蓋的臨時建築，用三合板構成、三層樓高的倉儲式空間。原本打算在戰後拆除，但是大學缺乏空間，於是向消防局取得許可，繼續使用。過了一陣子，學校的教師群逐漸聚集到這座建築裡，根據自己的需要改裝空間。一位教授說：「如果你不喜

歡某一面牆，就把手肘穿過去。」另一位說：「如果你想在地板上打個洞，得到更多直線空間，你可以這麼做。你根本不用問。這是最棒的實驗性建築了。」建築的即興景觀鼓勵偶然的發生，很容易交換想法：在牆與牆之間，有各種折衷與大雜燴，包括「一個粒子加速器、大學儲備軍官訓練團、鋼琴修理工廠、細胞培養實驗室」[22]。核子物理學家在食物學者附近做研究。在這個臨時建築物裡，諾姆・杭士基（Noam Chomsky）發現了關於人類語言的前衛理論、哈羅德・埃吉頓（Harold Edgerton）研究高速攝影、阿瑪爾・伯斯（Amar Bose）取得擴音器的專利。第一個電玩遊戲在此誕生。一大堆科技公司由此起步。這座建築被視為「魔法培養室」。史都華・布蘭特（Stewart Brand）在《建築如何學習》（*How Buildings Learn*）一書裡寫道：

> 二十號建築提出一個問題：何謂真正的便利？許多聰明的人們放棄了性能良好的暖氣和冷氣、鋪了地毯的走道、大窗戶、好的景觀、新穎的建築、愉悅的室內設計，為了什麼？為了有框的小窗戶、有趣的鄰居、強壯的地板和自由。[23]

　　一般來說，我們無法選擇長期在臨時建築中工作。所以我們要用其他方式培養改變的文化：交換辦公室、重新設計房間、改變休息時間的政策、交換團隊成員。放個咖啡機、把牆漆成藍色、放個足球遊戲桌、拆掉隔間牆、保持空間開放、用水泥地板以及有滑輪的椅子。不要堅持任何做法，因為現在有效的

設計，未來五年可能就不再有效了。這些做法原本也就不是為了永恆價值而存在的。創新公司的目標應該是逃避重複所造成的壓抑，增加選項，在有效模式開始疲乏之前就先破壞掉。創新的能量來自打破規律。

保持靈活

文化改變不只是公司的內部運作而已，也是思考要提供給大眾什麼。創新公司進行破壞時不會退縮。通用磨坊（General Mills）負責人詹姆斯·貝爾（James Bell）說：「無論是人或公司，可能面對的最大危險之一就是在幸福或成功了一段日子之後，開始相信在新的或改變中的未來裡，運用過去的成功方法而不會失敗。」[24]

舉一個靈活的例子，紐約餐廳麥迪遜公園十一號（Eleven Madison Park）把傳統菜單改成極簡菜單：食材排列在四成四的格子裡，顧客從每一排選一種食材。藉由這個極簡指令，大廚烹調出極致美食。新菜單讓餐廳獲得米其林三星的殊榮。但是這家餐廳並不怕再次賭上自己的名譽，嘗試新意。受到爵士樂手邁爾士·戴維斯（Miles Davis）不斷變換風格的啟發，餐廳再度重新發明自己。拋開格子菜單，晚餐長達四小時，顧客面對的是大廚對紐約美食的致敬。為紐約時報寫食評的傑夫·高迪尼（Jeff Gordiner），描述侍者如何以戲劇手法呈現美食：

「一道菜從煙霧之中冒出來，一道菜從野餐盒子裡冒出來。侍者表演撲克牌魔術（紀念以前紐約街上常見的三張撲克牌騙局），然後仔細解說食材和民間傳說。」[25]

餐廳網站上，引述了畫家威廉・德・庫寧（Willem de Kooning）的一句話：「我必須改變，才能保持一致。」食評家被餐廳的改變嚇了一跳，但是餐廳的生意越發地好了。然後他們又再度改變。丟掉魔術牌，恢復比較輕鬆的氣氛、更多餐點種類的選擇、更少的幾道菜、份量更大。餐廳的改變贏得了紐約時報的四顆星讚揚。紐約時報的食評家彼得・威爾士（Pete Wells）寫下：「餐廳裡許多事情仍未定數，最大的指標就是它踏入未來的流動性。」[26]

這種靈活度是美國無線電公司（Radio Corporation of America, RCA）成為電視先驅的原因。1930年代初期，美國無線電公司把無線電業務抓得緊緊的，美國政府甚至提出反托拉斯的訴訟。他們的研究者毫不退縮，在紐約帝國大廈樓頂上發表了調頻廣播：這些保真度極高的廣播「對廣告商、商人和大眾送出強烈訊息，無線電將會霸佔廣播業多年。」[27] 1935年，公司總裁大衛・沙爾諾夫（David Sarnoff）看到另一個科技蓬勃發展的機會：一開始被稱為「視覺接聽」（visual listening）或「聽視」（hear-seeing）。改變非常迅速：沙爾諾夫立即送出一封短箋，給無線電工程的領導人，命令他立即搬出實驗室，把空間讓出來給新的團隊。四年後，沙爾諾夫站在紐約世界博覽會

的鏡頭前，發表美國第一次出現的電視廣播：「現在我們的廣播除了聲音，也有影像了。」

歷史上，無論表現好或壞，成功的公司都會一直保持彈性。蘋果跳進音樂產業時，幾乎破產，宣布 iPod 面市時，只有少數記者在場。快轉到幾年後：蘋果剛剛賣出二十億首 iTune 歌曲，賈伯斯宣布進入行動電話產業時，幾千位記者到場。

有時，公司的演化有很清楚的脈絡與軌跡，例如 AT&T 電話公司從電報跨足無線電話和網路。有時，演化並非直線。愛馬仕（Hermès）創建於 19 世紀初期，專門生產馬具和馬鞍。當馬車被汽車取代之後，公司轉而生產高端服飾。一家叫做的諾基亞（Nokia）的造紙廠後來生產了第一批大眾化的手機[28]。一間原本印刷撲克牌的公司，後來籌組了計程車公司，還開了愛情旅館，最後卻成為世界上最大的電玩公司——這就是任天堂（Nintendo）[29]。谷歌公司除了搜尋引擎之外，也出產血糖測試器以及無人駕駛的車子。

當然，靈活度有其風險：不是每個嘗試都會成功。例如2014 年問市的亞馬遜火機（Amazon Fire Phone）。亞馬遜成功

進入雲端網路的市場，但是手機卻是另一個故事。火機問市的第一個月，賣出35000台。當時的蘋果每小時就可以賣出這麼多 iPhone。顧客抱怨火機缺乏應用程式，而且太難使用。公司把價格降到美金99分錢，庫存賣完之後就停產了。不過這還是經過計算的風險：火機的失敗一直沒有威脅到亞馬遜的核心企業。公司繼續往前，富於冒險精神地繼續送出新的偵察人員。

有創意的公司會一直準備好面對動盪。部分因為日益加快的數位革命有一些意料之外的影響：我們的設備更加倚賴電腦，可以使用的壽命變短了。數據處理的速度越來越快，加速了電話、手錶、醫療設備和家電過時廢棄的命運。2015年，本田汽車公司（Honda）首次沒有建造實體的 Acura TLX 測試車，而是用電腦軟體模擬一切，從撞擊到排氣，大幅降低製造過程所花的時間。以前讓人覺得和數位世界很遙遠的領域，現在都成為數位世界裡的一員：機械手臂操作外科手術、人工智能撰寫新聞快訊[30]。從設計到時裝產業，世界一直在過度修改自己。民眾對改變的胃口也隨之越來越大：如果明年沒有出新的產品或應用程式，顧客會感到失望。在這種情形下，更是不得不保持靈活。

雖然隔了幾億年的時間，原始生物和現代公司總裁的大腦裡都有同樣的問題：在操控已有知識和探索新範圍之間，我要如何取得最佳平衡？沒有任何生物或公司可以只靠著過去的成

功光環過活：世界的改變無法預期。存活者是那些可以保持靈活、對於新的需要和新的機會能夠做出回應的人。這就是為什麼，我們永遠不會有最終版本的手機，也不會有完美而且永遠不會過時的電視節目，不會有完美的雨傘、腳踏車或鞋子。

所以，我們的目標必須是產生很多的點子。位於門落帕克（Menlo Park）的旗下公司，愛迪生為員工設定了「點子目標」（idea guotas）：每週有一個小發明，每半年有一個重大突破。同樣的，谷歌也建立了公司模式：百分之七十的資源放入核心企業，百分之二十投資在有希望的點子，百分之十投資在全新的遙遠嘗試。推特（Twitter）每年有駭客週（Hack Week），員工放下平常的工作項目，創造新的計劃。艾特萊森軟體公司（Atlassian）設計了領航日（ShipIt Days），員工有二十四小時的時間，產生並交出新計劃。豐田汽車公司持續徵求員工建議，**每天**可以產生高達2500個新點子[31]。

為了激發創新，有創意的公司會獎勵新的想法。有很多獎賞的形式：寶僑公司（Procter & Gamble, P&G）和3M設立榮譽榜；昇陽電腦（Sun Microsystems）、IBM 和西門子（Siemens）每年頒獎；摩托羅拉（Motorola）、慧與科技（Hewlett-Packard）和 Honeywell 會為新的專利發獎金[32]。但是這種獎勵制度尚未普及，最新調查發現，百分之九十公司認為自己沒有為創新提供足夠的獎勵[33]。谷歌的艾瑞克·史密特（Eric Schmidt）對於鼓勵創新的建議是：「無論頭銜或資

歷，遇到很棒的人才就要付出很棒的薪水。最重要的是他們的貢獻。」[34]

有創意的公司也會提供許多材料和工具，刺激員工的神經網路。愛迪生的實驗室充滿各種物資，讓創意更容易產生。IDEO 設計公司有個公用的「技術盒子」（tech box），裡面充滿各種設備、材料和雜七雜八的東西——工程師和設計家的「心智泉源」（mental wellspring）[35]。愛馬仕不會丟棄衣料碎布和其他商業生產的副產品，而是送到他們自有的 *Petit h* 創新實驗室做實驗用：匠人們用廢棄皮料做了櫃子，還用鈕扣、人工珍珠與拉鍊做了磨石子地板。

在活躍的腦子裡，想法不斷增生，彼此競爭。少數幾個想法被提升到有意識的層面，但是大部分想法無法到達必要的門檻就消失了。類似的過程也發生在有創意的公司裡：新的想法彼此競爭，以取得支持。到達必要門檻的想法獲得支持，否則就被冷凍起來。在一個無法預期的世界裡，許多想法都失敗了。即使是很成功的想法，也可能很快過時。多元化與靈活度有其優勢。有創意的公司就是要產生許多點子，去蕪存菁，永遠不要害怕改變。

有創意的學校

孩子們醒著的時候,很多時間都花在課堂裡。教室是培育他們志向的地方,也是在這裡首度感受到社會對他們期望。如果一切順利,他們的想像力也會在此獲得培育。

但是情況並不一定如此。我們已經看到了,人腦不斷地消化世界,以創造新意;但是太多課堂提供的養分過於貧脊,沒有東西可以消化,反而是不斷反芻同樣的東西。這種教育會讓社會未來缺乏創新者。現在的教育制度是因應工業革命而產生的,我們卡在其中,課程固定,孩子聽著老師講課,學校的鐘就像工廠的鐘那樣定時響著,表示要換班了。這個模式無法讓學生做好準備,以面對不斷進步的世界。社會迅速地重新定義工作的涵義,能夠創造新機會的人才會獲得獎勵。

課堂的真正任務是訓練學生將世界提供的材料重新創造出新

事物。幸運的是,這一點其實並不難執行:我們不需要撕掉既有的課程計畫,然後全部重新設計;取而代之的是藉由遵循某些指導原則,便能將課堂變成提倡創意思考的環境。

運用前人作為跳板

學年開始時,美術教師琳賽‧艾索拉(Lindsay Esola)在黑板上畫了一個蘋果,然後要求四年級學生畫出自己的蘋果。大部分學生只是照著老師畫的蘋果畫。這個練習是一個起點,艾索拉將用一整個學期的時間教學生十幾種畫蘋果的方法。學生會用水彩、點點、拼貼、線畫、溶蠟、亮片、貼紙、郵票、毛線和其他材料模仿超寫實、印象派、普普藝術的風格來畫蘋果。

如果只是這樣的話,艾索拉只是在用實物教美術史而已。艾索拉並不只是讓學生模仿既有的範例。學期間有一堂課叫做「任何蘋果」,學生可以自由混用任何他們喜歡的創作技巧。最後一堂課,艾索拉又在黑板上畫了一個蘋果。這一次,幾乎沒有學生模仿老師的畫了。教室牆上貼滿了各種不同的蘋果:學生運用學到的技巧,發展出自己的創作。

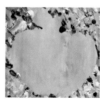

創意教育存在於「無結構的玩耍」和「模仿範例」之間的美妙結合。這個甜蜜點讓學生擁有可以模仿的前例，但又不去制約或限制他們的選擇。學生學習之前的傑作，然後加以重新創造。例如，一位五年級老師要求班上學生畫他們最喜愛畫家的「下一幅畫」。現實中的畫家從未畫過這張畫，但是他應該畫這張畫，而且如果有機會的話，他可能畫出這張畫。每個學生研究一位畫家，想像如果畫家多活一陣子，可能畫出什麼樣的畫。其中一位學生用立體主義風格畫了一位小聯盟棒球員，認為如果畢卡索還活著，應該會對流行文化更有興趣。

打破過去的模式有兩層意義：讓學生了解如何利用過去的資源以產生新事物，並且教學生不要被過去嚇到。鼓勵學生掌握我們的文化遺產，同時將過去的一切視為尚未完成的創作。詩人歌德（Goethe）說過：「我們希望留給孩子的遺產中，只有兩種能夠持久。一個是根，另一個是翅膀。」

有很多方法可以挖掘過去，創造新的可能。一個是讓學生從不同角色的角度述說一個既有的故事。例如喬恩・斯什茨卡（Jon Scieszka）寫的童書《三隻小豬的真實故事》（*The True Story of the Three Little Pigs*）。他從大野狼的角度重新述說故事。大野狼宣稱，他不是要呼呼呼地把房子吹倒，他其實是過敏發作了。同樣的，湯姆・史塔佩（Tom Stoppard）寫的劇本〈羅生克蘭和蓋登思鄧死了〉（*Rosencrantz and Guildenstern Are Dead*）中，以兩個小角色的角度重寫了莎士比亞的《哈

姆雷特》。約翰‧加德納（John Gardner）的小說《格倫德爾》（*Grendel*）中，從怪獸之一的角度重寫經典詩篇《貝爾武夫》（*Beowulf*）。學生可以從不同角度，重寫世界上各種神話和寓言故事。另一個策略是將故事放到現代。提姆‧曼利（Tim Manley）寫的〈愛麗絲夢遊現代仙境〉（*Alice in tumblr-land*）、火人祭（Burning Man）的亞瑟王（King Arthur）派對、拇指姑娘（Thumbelina）主演的電視實境秀，以及青蛙王子坐在公園，拿著「免費擁抱」的牌子都是很好的例子。

訓練心智直覺的另外一個技巧是改變歷史，將學生已經學到的歷史知識往外擴展。金斯利‧艾密斯（Kingsley Ami）寫的小說《改變》（*The Alteration*）想像如果亨利八世沒有登基，現代英國會是什麼樣子。在小說中，亨利八世的哥哥還是早亡了，但是死前已經生下了一個兒子。這位王子打敗亨利，奪得王位。結果，英國教會從未成立，伊麗莎白女王沒有出生，馬丁路德成為教宗。同樣的，菲利普‧迪克（Philip K. Dick）寫的《高堡奇人》（*The Man in the High Castle*）想像如果第二次世界大戰時軸心國戰勝，會發生什麼事。迪克的小說還加上了一層劇中劇：在納粹統治下的一位小說作家秘密地寫了一本改變歷史的小說——《沉重的蚱蜢》（*The Grasshopper Lies Heavy*），這位小說作家想像如果同盟國戰勝，會發生什麼事，例如同盟國抓到了希特勒，並審問他。

如果要學生呈現他們對歷史的了解，最有創意的做法莫過於

描述如果事件的走向不同，會發生什麼事。如果西班牙人沒有將天花帶給馬雅人呢？如果華盛頓的腿斷了，沒有穿越德拉維爾州呢？如果弗朗茨・斐迪南大公（Archduke Ferdinand）的車沒有走錯路，他沒有被暗殺呢？學生必須知道事實，甚至了解更大的歷史脈絡，才能讓虛構的歷史故事有可信度。「另類歷史」的教案可以強化閱讀歷史的效果：學生針對某個主題做研究，然後將知識運用在創意上。他們經由「如果」呈現自己對歷史的了解。

擴展延伸的教案也可以運用在科學和科技上。史丹佛大學的工程教授雪莉・謝佩爾德（Sheri Sheppard）指出，大部分機器都不是從無到有的，而是將之前已有的零件組合而成。她說：

> 過程中牽涉到許多創意。設計的真正啟發往往來自看到了某個機械的新的運用方式。這意味著我們必須熟悉身邊無數的機器和運作方式，並能夠看到在原本的設計之外可以如何應用它們。

在某些工程課堂上，老師教了電力之後，會要求學生組合一個手電筒。如果教案停在這裡，就只是模仿而已。組合手電筒只是第一步。下一步應該是運用同樣的電路知識，組合電風扇、發聲器，或學生想到的任何電器。機器的使用手冊不是終點，而是起點。

有一個方法可以將更多創意引進科學教育：設計科幻式的原型——設計不存在的產品[1]。在一個課程裡，學生想像出了

可以看電影和地圖的投射筆、製作個人化蛋糕的立體列印機、攜帶式的小型洗衣機[2]。老師鼓勵學生思考新科技可以解決什麼問題，可能創造出什麼新事物。這也能同時培養技巧和想像力。

讓學生一面學習既有設計，同時允許他們進行無結構的創意表現，過去便會成為新發現的墊腳石了。在人類創意的接力賽中，學生才有機會接棒，跑進未來。

增加選擇

當我們要求學生產生創意時，往往得到一個解決方法就滿意了。但是無論這個方法有多麼好，單單一個想法只是讓充滿創意的大腦暖機而已。最好的做法是要求學生產生不只一個，而是許多的創意想法。

多產需要訓練。從文學、科學到寫程式，學生往往會過早鎖定一個答案。我們必須鼓勵、刺激學生進行更廣闊的探索。這種訓練需要及早開始。安托瓦內特·波蒂斯（Antoinette Portis）寫的童書《不是箱子》（*Not a Box*）為孩子提供了多種選擇的概念。有人問主角兔子說：「你為什麼麼坐在箱子裡？」兔子說那不是箱子，而是跑車。但是兔子並不停在這裡：這個箱子也是山、機器人、拖船、火箭、海盜船的守望台、熱氣球的籃子。孩子看到兔子的榜樣，可以創造他們自己

的故事（不是球、不是緞帶等等）。

　　我們也可以將這個簡單的兒童練習運用在年紀較大的學生身
上。例如，藝術經常運用同一個作品，加以改變，來產生新的
可能性：藝術是扭曲、打破和混合的鍛鍊之路。爵士樂手總是
喜歡即興演奏既有的標準版，不斷產生不同的變奏版。視覺藝
術中，重複使用同一個主題可以產生許多結果——從畫蘋果的
練習到賈斯伯·瓊斯（Jasper Johns）的國旗系列。

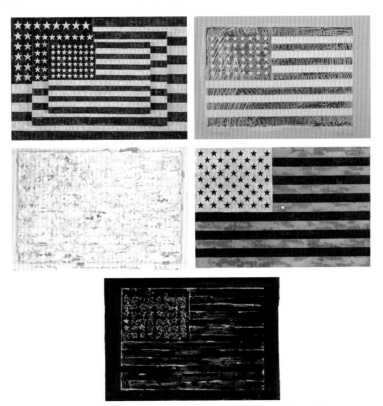

賈斯伯·瓊斯的三面國旗（1958）、國旗（1967，印於1970）、
白色國旗（1960）、國旗（暫停，1969）和國旗（1972／1994）

增加選擇也可以讓學生懂得欣賞周遭世界裡的多元性。例如美國植物協會設計的「航行種子」（Sailing Seeds）實驗[3]。學生研究大自然散播種子的增生方式：椰子漂浮著流向下游；牛蒡種子黏在動物皮毛上，然後掉下來散布各處；蒲公英種子用自己的「降落傘」飄向遠方；楓樹和椈樹的種子有小翅膀，可以在空中飛翔。在植物協會的教案中，學生互相競爭，設計新的、更好的方式，讓小種子旅行，然後測試自己的設計，看看哪些種子散播得最成功。

　　這個練習強有力地讓學生掌握了大自然選擇和生物面對挑戰的概念。學生學到的，不是四周世界是既成的事實，需要記誦，而是創造新的可能性。這個技巧正是未來創新的核心：四處看看，找出新的解決方法。參與過「航行種子」的孩子會一輩子懂得欣賞大自然的設計，因為他們也曾經試圖創造新的事物過。

　　即使當答案固定單一，有創意的教學會鼓勵學生找出不同的解答方法。1965 年，加州課程委員會邀請知名物理學家理察‧費曼（Richard Feynman）審閱數學教科書（他在報告中抱怨：「十八英尺長的書架，五百磅的教科書！」）。他認為現在的數學教學方法是錯誤的，老師只是訓練學生用一種方法解題。他認為應該指導學生盡其所能，找出越多解題的方法越好：

　　我們要的數學教科書不是教某一種解題方法，而是教問題是什麼，然後讓學生擁有越大的解題自由越好……我們必須拿掉

思想的僵化……我們必須讓腦子自由，到處遊走地試圖解決問題。……成功使用數學的人其實就是發明新方法以獲得答案的人[4]。

鼓勵創新的有效策略是啟發學生離開蜂窩，到不同的距離去。正如公司必須研發各種不同距離的產品，從小規模的修改到遙遠的設計都要涉獵一樣，我們應該鼓勵學生和源頭保持或遠或近的不同距離。他們將獲得未來對創意任務保持彈性反應所需要的技巧。

成功離開源頭的原則是什麼呢？舉個例子：畢卡索的公牛系列和利希滕斯坦的公牛系列。兩位藝術家都以寫實的公牛開始，然後往不同的方向移動：畢卡索將牛的身體簡化為主要線條，利希滕斯坦則將之簡化為幾何圖形。看到最終的圖像，他們兩個的畫變得如此不同，令人驚訝。

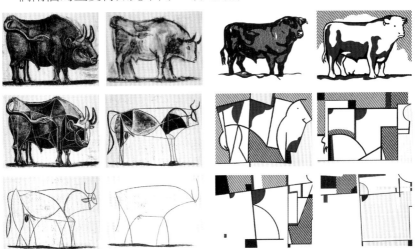

畢卡索的公牛系列（1946，左）和利希滕斯坦的公牛系列（1973，右）。

去不同距離的價值是什麼呢？讓我們看看萊斯大學（Rice University）的課堂。老師要求學生處理一個發展中國家面對的健康危機：每一年，幾十萬名兒童死於腹瀉脫水。資源很少的診所裡有靜脈注射的設備，但是沒有昂貴的機器正確測量注射的份量。在無法為每一位病人都測量注射份量的醫院裡，嬰兒很可能因為水分過多而死去。萊斯大學的學生團隊開始設計一套靜脈注射，需要可以用很便宜的方式監督用量，即使供電不穩都沒有關係。一開始都是一些規規矩矩的想法，後來開始離開蜂窩越來越遠，最後想到了一個便宜的方法：捕鼠器。他們在掛靜脈輸液的長桿子上裝了一個槓桿，液體的袋子掛在一端，另一端掛著重錘。醫生調整重錘的重量，設定正確的輸液用量。當足夠的液體滴入病患身體裡之後，槓桿會垂下，撞到捕鼠器，啟動機制，夾子落下，夾住滴管，阻止液體繼續流動。

　　團隊成員飛到賴索托（Lesotho）和馬拉威（Malawi）測試設備。這兩個國家的醫療照顧都很貧脊。他們發現，醫生很想嘗試新的設備，但是害怕手指頭被捕鼠器夾傷。學生想要用更安全的方法來關閉輸液管。他們用3D列印機做了一個塑膠蓋，用實驗室裡的各種雜物做實驗，但是捕鼠器的效果還是最好。於是他們做了一個比較沒有威脅性的鋼製壓縮彈簧取代。

　　在馬拉威，萊斯的學生發現另外一個設計錯誤：要好好發揮效用，靜脈輸液的袋子必須比病患的頭部至少高出五英尺。可

是這表示重錘也必須那麼高，醫療人員很難搆得到。腦力激盪時，一位學生提議將槓桿分成兩段，將輸液袋子掛得高高的，而把重錘掛得低低的，然後用一根桿子連結這兩段槓桿。現在很容易調整重錘了。

學生回到馬拉威，進行田野調查：他們發現，平均而言，醫護人員只需要花 20 分鐘就學會如何使用，不用 2 分鐘就可以設置好測量設備。而且，設備用過幾百次之後，仍然維持很好的成效[5]。一台電動靜脈輸液機器要價幾千美元，學生的設計只要 80 美元。他們飛到了離蜂窩很遠的地方，解決了原本無望的問題。

鼓勵有創意的冒險

一項有名的實驗中，史丹佛大學的心理學家卡蘿．杜維克（Carol Dweck）給一群小孩做數學測驗。之後，她誇獎一半孩子的成績，並誇獎另一半孩子的**努力**。然後杜維克問他們，要不要再考一個稍微難一點的數學測驗。自己的努力受到誇獎的孩子接受了挑戰；成績受到誇獎的孩子則不願意繼續測試，因為他們不希望失敗。杜維克認為，師長一直誇獎孩子的成就，最後會限制住學生的冒險精神。她獲得的教訓就是：讚揚努力，而不是讚揚結果[6]。

為了轉移重心，不要一直專注於結果，學生需要機會離

開有人走過的道路。在電玩界，有一個名詞叫做「沙盒」（sandboxing），指的是玩家在正式競爭之前，可以先在新的一關嘗試選擇——先實驗自己的技巧與策略，然後才正式參加遊戲。我們也可以將沙盒運用在創意任務上：學生先想出許多選項，老師只審閱，不打分數。然後學生選出最喜歡的選擇，完成任務。這樣一來，不只是鼓勵學生創造許多選擇，而且讓學生有機會冒險而不會受罰。

　　往往，冒險就像是在高空走鋼索，下面卻沒有安全網。任何結果不明的問題都需要冒險，學生必須靠自己找到答案。例如經典的丟蛋實驗。規則很簡單：為雞蛋設計一個降落傘。這個挑戰沒有一條直通答案的路。學生必須理解地心引力和空氣阻力，還要研究工程設計的原理。實際操作的那一天，他們爬到高處，丟下自己的設計。第一次嘗試時，不是每一個設計都能安全降落。這是練習的一部分。如果蛋破掉了，就讓學生分析原因：可能落下得太快、可能缺乏足夠的緩衝等等。學生改進之後，再試。試幾次都不要緊，要緊的是從失敗的失望中重新站起來，一直嘗試，直到成功。

　　不是每個問題都只有一個正確答案。你可以請學生設計「超級字體」。標準字體中，有些英文字母和數字看起來很像，很難清楚分辨，尤其是在智慧型手機和電腦螢幕上。例如 5 和 S、B 和 8、g 和 q 就很像。超級字體的目標是改變字母形狀，提升差異性。這是一個沒有標準答案的創意教案，學生可以從

小就做這個練習。

　　另一個鼓勵學生冒險的方法是處理真實世界尚無答案的問題。美國太空總署的「想像火星」（Imagine Mars）計畫中，學生要設計人類在另一個星球上生活的生存手冊。他必須分析人類在地球上生活所需的所有特質：住宅、食物、水、氧氣、交通、廢棄物管理、工作等等。學生必須思考，要如何將這些條件帶到火星上？要如何呼吸？垃圾怎麼辦？在何處運動？學生用杯子、棉花球、樂高積木、管道清潔劑等等材料，設計自己的社區。這樣的練習讓學生思考科學最前端的問題（太空總署計劃在幾十年內到達火星），並親身體驗尚未解決的問題中必然的風險。

　　要產生一個充滿創意成人的茁壯社會，我們必須啟發願意冒險的學生，不要因為害怕答案錯誤而膽怯。不要讓孩子將心智投資在生命的績優股上，成功的心智經驗應該是多元的，也要投資在更為冒險的股票上。

參與和啟發

　　強烈動機可能是最被低估的教育特質。動機是否強烈，可以導致無所謂的結果和特別優秀的結果之間的差異。教學的每日挑戰就是如何刺激學生，讓他們釋出全力。解決之道就是用基本動機作為槓桿。

讓工作有意義

　　給學生機會解決真實生活的問題會啟發他們的創意。在發展中國家裡，呼吸困難常常造成嬰兒死亡。他們有呼吸器，但是嬰兒會一直動來動去，很難讓呼吸管一直好好待在嬰兒鼻子上。老師將這個問題交給休斯頓高中生，作為挑戰。學生的任務分為幾個階段。首先，他們研究主題──嬰兒呼吸困難的原因和普及率。然後探索問題的背景環境。他們考慮到價格、安全性、耐久程度、好不好用、維修等等條件，腦力激盪出自己的解決方法。每個團隊產生三到五個方案。最後，他們用日常可見的材料做成原型，並加以測試。

　　贏得競賽的設計極為簡單：呼吸管穿過嬰兒帽子的切口固定；只需要在帽子上剪兩個洞。團隊進行了比較測試，發現他們的「呼吸帽」比現有的方法效果更好，而且幾乎不需要花費。拯救小生命只需要一般的嬰兒帽和一把剪刀。青少年成功解決了成人的問題。

　　做有意義的事情可以協助學生幫助自己。幾年前，建築師和設計者艾蜜莉・皮洛敦（Emily Pilloton）和加州柏克萊一家特許學校（Charter School）的八年級學生合作。大部分學生的母語不是美語。學校給皮洛敦一間空教室，她請學生任意佈置。他們達成了共識：學校沒有圖書館，學生想要有一間圖書室。

　　皮洛敦帶學生去參觀地方上的公立圖書館，然後給每個人一張教室藍圖，問他們希望圖書室是什麼樣子。接下來是生動

的討論，期間出現一個問題：要如何將全班的不同意見融合為可以真正執行的計畫呢？學生決定保持最大彈性：設計可以移動、多元運用的書架。他們花了幾個星期，用三合板和瓦楞紙進行設計，最後決定了一個很簡單的設計：叉叉形狀的書架。他們用三合板建造了幾十個書架。

叉叉型的書架堆在空間各處。學生想，如果以四十五度角堆疊書架會怎麼樣？你會被迫和原本沒有興趣的書籍互動；如果你要的書在最底下，你必須先挪開其他的書；你必須歪著頭看書脊上的書名。一位學生指出，X 在代數裡代表未知變數，而圖書室正是大家去學習未知事物的地方。他們的圖書室可以稱為「X 空間」。

領域特許學校（REALM Charter School）的學生
正在製造 X 空間的書架。

他們就這樣決定了。接下來幾週，學生用 X 型書架堆滿主要

的牆壁。他們用一組一組的X型書架裝類型相同的書籍（例如圖文小說），甚至用 X 型書架作為桌腳。他們也留了一些X型書架在教室裡，邀請大家重新安排。結果，X 空間總是看起來不一樣。學生建了他們自己的圖書室，在裡面發掘、探索。

要有觀眾

　　科羅拉多州堡石鎮（Castle Rock）一個咖啡館的夜間詩聚。上台的不是成人，而是地方學校的六年級學生[7]。老師請學生寫一首關於社會議題的詩，然後公開發表。一位又一位學生上台朗讀，主題包含了青春期生活的各種議題。一位十二歲女孩唸了這首關於母親的詩：

　　我去年的旅程堪稱艱辛

　　她不在了

　　很久

　　喝酒、外遇、離婚文件、錢。

　　…我以為我失去了生命中最重要的人，

　　沒人引導我，沒人跟我談任何事情。

　　我最要好的朋友。

　　我還是微笑著。

　　（My journey through the past year has been rough

　　　　She was away for

　　　　A long time

Drinking, affairs, divorce paper, money.

…I thought that I had lost the most important person in my life,

No one to guide me, no one to talk to me about everything.

My best friend.

Still I smile.）

　學校的課程建立於「往外發展」的模式。學生走出教室，學習在世界行走。最近的一個計畫是四年級學生拍了一個紀錄片，記錄政府打算淹沒一片很受歡迎的野生動物保護區，以拓展水庫儲水量。學生探索了兩邊的說法，問哪一個議題更為重要：人類的進展？或保護在那裡生活的生物？他們在地方戲院放映紀錄片。另一個計畫中，學校邀請年長者參加學校每年的「生活即藝術」嘉年華。每一位學生至少有一件作品展出。

　比較前衛的幼兒園和小學也採用類似的策略，例如華德福（Waldorf）和瑞吉歐（Reggio Emilia）教育機構。他們的教育理念是經由創意活動鼓勵孩子探索自己的興趣。這些學校很喜歡將孩子的作品掛在走廊牆上展示。為了擴展觀眾，有些中小學會彼此合作，用視訊進行詩和小說的朗讀會，或是一起舉辦實體的展覽。在公眾的部分，文化機構可以提供平台給學生使用：許多美術館或機場會經常性地展覽學生作品，協助並鼓勵年輕人。網路世界創造了更大的平台。Everyartist.me網站讓學生把作品放在網路上。最近，在每年的全國藝術日裡，這個網路平台打破世界紀錄，在單日內集體創作了23萬件藝術作

品。在科技業，麻省理工學院的媒體實驗室有一個網站，上面有幾百萬個學生展示自己用他們的教育軟體 Scratch 所創造的作品。

得獎

已發展國家都有肥胖的問題，部分原因是很難讓大家運動。要如何解決這個問題呢？一所英國小學裡，有七個學生受到樹莓派基金會（Rasberry Pi Foundation）年度比賽的刺激，決定挑戰這個問題。樹莓派提倡學校裡的基本電腦科學。這個學生團隊想要做一隻機械狗，陪伴主人運動。首先，他們腦力激盪：加入測量跑步距離的儀器、可以幫主人攜帶急救箱以防跌倒受傷、會嗅聞主人掉落的東西、可以放音樂、黑暗中指路的燈。學生最後決定做一隻會說話鼓勵主人運動的狗。他們使用信用卡大小的樹莓派電腦和紙漿，做了一隻機械狗，自己接線、寫程式、錄音。決賽時，健身狗（FitDog）獲得優勝。

比賽可以提供很好的動機，讓學生被看到，還能得到獎品或獎金。樹莓派競賽鼓勵了幾十個團隊參與，結果包括自動化的藥盒，以及讓殘障者可以用眼睛注視即可控制、追蹤眼球的軟體。其他備受歡迎的比賽包括國際的頭腦奧林匹克（Odyssey of the Mind），學生團隊挑戰很有創意的問題。學生要負責做一切事情，家長和教練只能督導、提供材料。團隊每週開會，參加地方比賽，獲勝的團隊再去參加全國比賽。樹莓派和頭腦

奧林匹克持續成功，見證了競爭的有力刺激：啟發學生以高標準解決問題，並因為可能得獎而保持熱情與投入。

···»·»———◆———‹«···

孩子越常在教室創作，就越相信自己可以創造自己的世界。這是創意教育的目標。課堂中的一切都活了起來，之前的事物不再是解答，而是跳板。讓你的學生也創造很多選擇，而不只是提供一個解答。啟發他們的冒險精神，不要總是選擇安全的路走。鼓勵學生，讓他們有動機，無論動機來自內在（有意義的挑戰）或外在（有觀眾和獎賞）。鼓勵創意思考的課程會讓孩子不再只是想像力的觀光客，而是導遊。

為種子澆水的必要性

美國內戰尾聲時，一群持槍的男人搶劫了一座密蘇里農場。他們綁架了兩名奴隸——一位母親及她的嬰兒——要求贖金。農場主人用一匹得過獎的駿馬換回男孩，但是母親已經被搶匪賣給別人了，從此毫無音訊。被綁架的男孩回到主人身邊之後，得了百日咳，病得很嚴重。他痊癒了，後來說他的童年是在「生死之間不斷搏鬥，看誰會贏」。那時的奴隸都會用主人的姓作為自己的姓，他的主人是摩西（Moses）和蘇珊·卡佛（Susan Carver），他的名字是喬治·華盛頓·卡佛（George

Washington Carver）。長大之後，他站在國會推銷花生種植，讓南方農夫變得富有。

創新者從何而來呢？每一種背景都有可能。就像我們無法預測下一個好的設計會是什麼一樣，我們也無法預測它會從地球何處出現。每個社群都有天生有才華的人。50 年的創意測驗顯示，社經地位低或是少數族裔的孩子表現並無差異，和社經地位高的社群擁有同樣的創造力 [8]。

但是我們會對某些孩子給予奢侈的對待，給他們上音樂課、參觀科學館等等，而忽視另外的一些孩子。擁有創意教學不應該是憑藉於孩子住在富有的區域，我們必須在每一個社區都灌溉種子。

在 16 世紀的那不勒斯（Naples），如果你是孤兒或是家庭貧窮的男孩，你可能住在教會慈善事業開的棄兒之家裡。那不勒斯的宗教機構認為自己有責任教這些孩子足以糊口的一技之長。現在的一技之長可能是電腦程式設計。在當時，則是音樂即興創作。社會對音樂的需求極高，受過良好訓練的表演者可以在歌劇院和大教堂裡賺得很好的薪水。他們也可以在貴族聚會時提供現場音樂。英文裡的「音樂學院」（conservatory）一詞就是來自義大利文的 *conservatori*，即「孤兒院」的意思。學生使用的樂譜裡有很多短的樂句，他們根據這些熟記的樂句進行即興演奏。他們美化這些樂句，串連起來，成為有彈性的組合。學生經由督導和練習，學會即席作曲演奏。

那不勒斯音樂學院非常成功，很快地開始接受從歐洲各地來的付費學生。即便如此，他們從未停止服務窮苦孩子。直到18世紀，許多有成就的畢業生都是來自貧苦家庭。其中一個孩子的父親是砌磚牆的工人，因建教堂時摔落至死。這個孩子是多米尼科・奇馬羅薩（Domenico Cimarosa）。他長大後，成為俄國卡薩琳女皇（Catherine the Great of Russia）與奧地利喬瑟夫二世（Joseph Ⅱ）的宮廷樂師 [9]。

教育家班傑明・布盧姆（Benjamin Bloom）寫過：「經過40年在美國及其他國家的密集研究之後，我的結論是：世界上每一個人都能夠學習。**如果**提供了適合的學習環境，**幾乎**每一個人都能學習。」[10]

但是，在大部份的人類歷史，那不勒斯都是例外，而不是常態。人類揮霍創意資源的行為並不限於社會階級。文明歷史的大部分時候——現在世界上許多地方還是如此——一半的人口因為性別而無法受教育，也沒有專業進步的機會。天才兒童南妮兒・莫札特（Nannerl Mozart）和她的弟弟沃爾夫剛（Wolfgang）在歐洲巡迴演奏。通常，她是主角。但是當她到了適婚年齡，父母就讓她的事業停下來了。當數學家阿達・勒芙蕾絲（Ada Lovelace）寫出電腦程式設計的原則時，使用假名，冒充男性。她的數學洞見遠遠領先時代，同儕都不知道該怎麼想。超過100年後，男性數學家重新發明了她的電腦模式。好萊塢興起70年後，雪莉・沃克（Shirley Walker）成為第

一位為主要電影作曲、指揮的音樂家。她始終是極少數，美國賣座最好的前500部電影中，只有12部電影配樂由女性作曲[11]。1963年，有人問社會人類學家瑪格麗特·米德（Margaret Mead），男性與女性的創造力差異。她的回答至今仍很重要：

> 在東歐國家裡，社會期待女性在科學上也要和男性一樣參與，許多女性表現出了之前看不出來的能力。我們揮霍浪費了一半的人類才華，不讓男性或女性參與某個特定領域，或是懲罰試圖用創意運用才華的女性，這樣做的風險極大[12]。

將大量人口邊緣化的結果就是浪費了巨大的創造力。我們不可能知道我們錯過了什麼發現或洞見，或是什麼問題一直沒能解決，只是因為我們忽視了這麼多人的天生創造力。現在很清楚了，我們播種並培育出越多種子，人類想像力的收穫也就越豐富。

為何科學需要藝術

創造力是人類物種突飛猛進的燃料，但是只有一小部分的人有機會完全發展自己的想像力。是否能夠接觸到藝術就是一個最明顯的標竿。比較富裕的學校有音樂、舞蹈、視覺藝術和戲劇課。貧窮社區的學校往往認為藝術教育是在浪費資源。2011年，美國國家藝術基金會（US National Endowment for the

Arts）調查，高中剛畢業的學生，求學期間是否接受**任何藝術**教育，少數族裔的學生有四分之三回答：沒有[13]。

要成為一位有創造力的思考者，年輕的心智需要藝術。因為藝術本質是公開的，藝術是最容易教導創新基本工具的方式。賈科梅蒂的小型化雕塑所用的策略，和埃德溫‧藍登解決擋風板問題的策略相同；畢卡索的立體主義中，可以明顯看到打破的形狀，和手機塔台的策略相似；芙烈達‧卡蘿混合受傷的鹿（把她的頭接在動物身體上）的策略也出現在經過基因工程培育的蜘蛛羊身上。

我們可以經由藝術教導創意心智的各個方面—藝術是扭曲、打破和混合的大本營。假如學校經費短缺，行政人員不得不做出經濟上的打算：既然我們不是活在 16 世紀的那不勒斯，學習藝術不會帶來薪水好的工作。

但是我們有很好的理由相信，藝術教育其實有其經濟效益。即使是專注於科學的學校也是如此。汽車剛發明出來時，大量的考量都是放在如何讓車子跑，沒有多少力氣放在讓汽車坐起來很舒適。當越來越多人開始買車時，光是照顧機械工程已經不夠了，成功的汽車也需要優雅的設計。現在，推銷汽車時，儀表板、座位、車殼風格都是賣點，和引擎蓋下面的機械同等重要。

手機的發展軌道也是一樣。一開始，只有少數人擁有手機。因為這是科技上的革命性突破，大家並不在意笨拙的使用介

面，以及像是一塊磚似的外形設計。現在，幾十億的人每天察看他們的手機好幾百次。一旦有了巨大的使用者人口，糟糕的介面一定會毀了產品。所以像蘋果、諾基亞、谷歌和其他公司會花幾十億美元，創造平滑、乾淨、清楚、現代的設計。

教育家前田約翰（John Maeda）認為，機器越是融入日常生活，就越需要美觀及功能[14]。我們需要又聰明又有藝術性的設備，否則我們不會想要使用。越來越多的公司了解，需要創造精心設計的介面。2015五年底，紐約時報報導說 IBM 聘用1500百位工業設計師，一大群藝術家的唯一目標就是畫出賞心悅目的新機器[15]。

藝術與科技的結合產生了外型和功能兼具的產品。幾年前，德州農工大學（Texas A&M）工程教授羅賓·墨菲（Robin Murphy）發現大家不喜歡和她的機器人互動。「機器人不會四目相對，音調平板沒有變化，接近人的時候侵犯到個人空間。」[16]如果你需要信任機器人，把你從翻倒的汽車或失火的建築中救出來，機器人光是會執行任務還不夠，它必須能夠表達關心和情緒。墨菲決定轉向劇場研究人類情緒。戲劇指導艾美·古爾林（Amy Guerin）協助她，將飛行機器人置入莎士比亞的《仲夏夜之夢》（*A Midsummer Night's Dream*）的演出。舞台上是一座森林，有很多精靈出沒。機器人飾演精靈的沉默助手。為了提高賭注，墨菲的團隊使用不像人類的機器人——沒有臉、沒有手和腳。墨菲的團隊為機器人發展了「肢體語

言」。表達快樂時，機器人會在空中轉圈，或上下跳躍；表達氣憤時，機器人會以很陡的角度往下，一路向前；頑皮時，機器人會很快地轉動，偶爾跳一下。機器人的演出非常完美，能夠表達情緒，還能飛過觀眾的頭頂。在劇院工作讓工程師能夠將機器人設計得更容易親近，將閃亮的機器變成科技與藝術的「愛的結晶」[17]。

藝術也可以提倡冒險精神。美國作曲家莫頓・費爾德曼（Morton Feldman）曾經寫過：「生活中，我們盡一切力量避免焦慮；在藝術中，我們必須追求焦慮。」[18]學生在科學課上學習實驗方法，但是實驗目標往往是既定的結果。只要學生遵照程序做，就會獲得期待的結果。在藝術課上，學生學習實驗方法，但是沒有任何保證。缺乏答案的實驗建立了健康的態度，讓學生勇敢衝進尚未被探索的領域。

更好的藝術會產生更好的工程師。但是，藝術為什麼重要？還有更深刻的原因：除了改善科學之外，藝術引導著我們的文化。

一連串的「如果」

我們會依據新的事實以及想像，調整對未來的預測。藝術作品不斷影響未來的道路，因為藝術作品就是重新混合了真實生活的動力。如此一來，藝術作品可以成為嘗試的指標，讓我們

評估價值。我們藉由模擬可能的未來，倚賴真實經驗之外的嘗試：我們可以不用實際操作，就能評估每一個想法，節省花費與風險。作家馬賽爾·普魯斯特（Marcel Proust）說：「感謝藝術，我們不只看見一個世界，我們自己的世界，而是看到多元的世界。」藝術家將自己的模擬上載到雲端，讓人類超越現實，看到可能性。藝術不斷形塑各種可能，照亮了之前未能看見的路徑。

這些僻徑影響了歷史的走向。拿破崙（Napoleon）認為，博馬舍（Beaumarchais）寫的喜劇《費加洛的婚禮》（*The Marriage of Figaro*）中，一位僕人智勝伯爵的情節協助引發了法國大革命。劇本讓低層階級的人看到，他們可以戰勝主人。這就是為什麼專制政府會快速壓制藝術：一旦上載了一個可能性，這個可能性就有了自己的生命。

「如果」有力量影響世界事務。在第二次世界大戰時，同盟國軍方在科幻小說中尋找新的想法，聘請科幻作家提出最荒謬的可能性。沒有採用的提議被當作是真正的計畫，刻意「透露」給軸心國[19]。2001年，九一一事件之後，也發生了類似的事情。美國國土安全局聘請科幻作家建立團隊，設計出許多有創意的攻擊計劃，稱為「國安科幻」（Science Fiction in the National Interest）計畫。其中一位作家阿爾蘭·安德魯（Arlan Andrews）指出，科幻作家「一輩子活在未來裡。負責國安的人需要瘋狂的點子。」[20]

因為我們是如此有創造力的物種，我們倚賴事實和虛構的事物，以協助我們在世界存活。感謝人腦在感知與行動之間的大量神經網路，我們才能脫離周遭的現實世界，開啟遠處的可能性。以詩人愛蜜莉·狄更生（Emily Dickinson）的話說：「腦子比天空還廣闊。」[21] 藝術穩定提供了不斷的「如果」，滿足了一個重要功能：增加我們對世界的想像，讓我們可以看到更寬廣的地平線。

用藝術翻轉學校

2008年，位於佛蒙特州伯靈頓（Burlington）的惠勒（H. O. Wheeler）小學辦學失敗。校園中，空啤酒罐丟得到處都是，牆上都是塗鴉。只有百分之十七的三年級學生達到州立學術能力標準。百分之九十的學生有資格領取免費或打折的午餐。有錢的家庭都不會送孩子去這裡上學。一英里外，另一家小學是惠勒小學的相反鏡像，只有百分之十的學生有資格領取免費或打折的午餐。

為了拯救學校，惠勒小學將藝術導入全部課程。一開始，教師很抗拒。學校當局指出，雖然老師們受過比州內其他教師更多的訓練，學生的學業表現卻仍然無法令人接受。學校在州裡排名最後，值得試一試其他方法。

學校策略的關鍵在於要求老師和藝術家合作。幾年之內，

學校開始執行一個昂貴的課程計畫，讓學生在音樂、戲劇、舞蹈和視覺藝術課之間輪流上課。每一種課程都有極具創意的教案。進行樹葉分類的科學課上，三年級學生畫了不同的葉子，然後運用樹葉形狀和葉脈模式創造抽象藝術。他們親自做了幾百個陶碗，辦了一場「裝滿湯碗之夜」的活動，邀請社區居民來喝湯吃麵包。四年級學生合作寫了一齣音樂劇，然後在地方劇院親自演出。學生測量康丁斯基（Kandinsky）畫作中的角度、以地球板塊構造為主題跳舞。每個星期五，都有全校的藝術慶祝活動。

到了 2015 年，三分之二的三年級學生達到州立學術能力標準，在各種不同人口分佈中都看到了進步。校園文化也有了巨大改變：老師發現學生更積極參與，也更樂於上學，紀律問題和逃學率都下降了。上藝術課的時候，校長室極為寂寞，只有百分之一的紀律問題發生在這段時間裡（譯註：美國學校裡，不聽話的學生會被老師送到校長室去）。家長的參與度也提高了，家長會的出席率從百分之四十上升到百分之九十。

這個城市的人注意到了。曾經幾乎崩潰的學校現在成為全州最成功的學校之一。校園的重生也改變了社區：曾被視為「貧民窟學校」的惠勒小學，現在成為大家想要送孩子入學的學校了[22]。

對於世界上的幾百萬學童，創意思考只存在於學校課程之外。但是惠勒小學讓我們看到，重新思考這個做法的價值。無

論是藝術家或科學家，我們都值得有機會發展我們的創造力。否則，社會提供的是不完整的教育。

積極想像的終身價值

當我們學習開車時，是從一小步一小步開始：檢查車內及兩側的後照鏡、換車道時要打方向燈、注意周圍交通狀況、留意時速。之後，我們能夠一手拿著熱咖啡，同時和妻小說話，開著收音機，手機響著，以六十哩的時速開車。同樣的，創意的教育就是刻意練習扭曲、打破和混合想法，將練習內化。成年後，這一切都將成為背景。

創意不是觀賞運動賽事。接觸與呈現確實很重要，但光是聽聽貝多芬、演出莎士比亞並不夠。學生必須上場，親自扭曲、打破、混合。

教育常常專注於往後看著已有的知識，然後建構結果。教育也應該指向前方，我們的孩子將設計、建構並住在那個未來世界裡。心理學家史蒂芬‧納許馬諾維奇（Stephen Nachmanovitch）寫到：「教育必須運用玩耍和探索的親密關係，必須允許探索與表達。必須肯定探索精神。探索精神的定義就是離開疲憊的、測試過了的、一致的範疇。」[23]

我們的任務就是訓練學生增加選擇，去到離蜂窩不同距離的地方，容忍未知結果的焦慮。事實和正確答案是不夠的——學生也需要運用已知，當作跳板，到達自己的發現。很少能力是像積極想像那樣，讓我們終身受惠。

　　積極想像會影響我們經驗到的一切。幾十年後，我們的家庭、城市、汽車和飛機會和現在很不一樣。未來會有新的醫療方法、新的手機、新的藝術作品。到未來的路是從今天的幼兒園教室開始的。

前進未來

最近，突破攝星（Breakthrough Starshot）國際太空團隊宣布要發射太空船到最接近地球的恆星——半人馬座（Alpha Centauri）。當我們提到「太空船」，一定是想像一架類似阿波羅十三的火箭豎立在發射台上。但是，這種太空船要花上萬年才能到得了半人馬座。路上任何一個零件失靈都會讓任務失敗。這個團隊想到了不同的計畫：不發射大型太空船，而是發射一大堆微型太空船。每一艘都帶著晶圓大小的探測器和一個小小的帆。地球上的巨大雷射負責推動它們，可以加速到光速的五分之一。就像一群魚似的，不是每一艘太空船都能安全抵達，只希望能有足夠的太空船成功抵達半人馬座以送回數據。在我們四周，都可以看到這種策略：改變延展熟悉的事物，從居住空間、小說、教育系統，一直到口袋裡的科技產品。

產生新意的壓力無時無刻都在。腦子不斷刺激我們，對抗一成不變，平衡我們已知的一切和新鮮事物。因此，我們的物種不斷遠離無聊和既有常態，打破規律的動力正是創意的基礎。

我們腦子裡的社交本質可以協助創意過程。我們不但經由實體接觸而彼此依附，也經由發明的才能彼此依附。人類喜歡令人驚訝，贏得別人的注意。即便在我們的文化血液中不斷流動著各種創新，我們還是永遠渴望新事物，不會讓好東西只是待在那裡。

在野外，發明的跡象也是所在皆有，但是其他物種的創新和四歲人類小孩唱歌、堆沙堡比起來，還是相形遜色。人腦有巨大的皮層（尤其是特別大的前額葉皮層），讓我們有能力產生複雜的概念，並加以操作。我們的身體可能無法像豹一樣跑得那麼快，但是我們腦子的內在模擬可以跑得比任何動物都快。文明世界是「如果」的產品，一代又一代往上堆疊。稍稍調整一下神經計算，就可以讓我們形塑世界，以符合我們狂野的想像，促使人類物種射出原有的軌道。

我們在早先的章節裡看到，新的主意不會無中生有。我們用過去的經驗當作材料，創造新意。人類創意牽涉到巨大且彼此連結的知識之樹，經常互相交換資料、彼此融合。我們共享心智的工具箱，驅使向前。當你上載一個影像到圖像軟體裡，它才不管這是飛機還是斑馬的照片，它在乎的只是「影像旋轉」的數據計算。我們的神經網路也是一樣，用儲存的程序處理輸

入的數據，無論我們是在思考一個專利，或是即興音樂，或是新的食譜，或接下來要說什麼，我們都是在扭曲、打破、混合經驗的材料。這個心智軟體的無限運用形成了它的力量。

從你的日常生活中，想一想四周創意。建築物的表面、冰箱的構造、嬰兒車的設計、耳塞、氣笛風琴、皮帶、手機、背包、窗玻璃、食物卡車──這些都是人類發明的巨大森林中的樹枝。許多發明都是隱形的：當我們接聽手機、開車或在電腦上開槍射擊，我們都是騎乘在好幾世紀以來人類累積的發明之上。當我們體驗藝術時，可以看到同樣的發明精神──我們在莎士比亞的戲劇裡看到大量的新詞、隱喻、文字遊戲；偉大的樂曲是作曲家在工作室裡花了好幾月打破、扭曲和混合的結果。藝術和我們的其他經驗並無二致，只是更為純粹[1]。

人類創新來自不斷的分枝展葉與選擇的過程。我們會嘗試許多想法，但只有少數幾個想法能夠存活下來。存活下來的想法成為下一波發明與實驗的基礎。人類持續地多元化和篩選，想像力帶給了我們居住之處、將人類壽命延長到了三倍、產生無所不在的各種機器、不斷提供各種吸引彼此的方法，並且以泉湧的歌曲與故事淹沒我們。

創造力大爆發

在歐洲的文藝復興時期，許多畫家喜歡畫獅子。獅子是強壯

威嚴的象徵，寓言故事和聖經故事裡常見的角色。但是無可否認的，他們畫的獅子有點奇怪。

　　為什麼？因為他們都沒有看過真正的獅子。畢竟，他們是歐洲的畫家，獅子則住在半個地球之外的非洲。他們畫的獅子是存在**彼此**心中的獅子，越畫越不像叢林之王了。畫家憑藉有限的第一手資料來畫獅子：他們無法遠行，他們能夠接觸到的資料非常有限，很難和遠處的人溝通。他們的經驗材料只是幾個書架而已。

　　這一切很快地改變了。

正如工業革命是世界歷史的一個轉捩點，歷史學家可能有一天會說，我們所處的時代是「創意革命」的時代。感謝文物保存和數位儲存的技術，我們設置了巨大且隨時可以取用的材料庫。有更多材料供我們扭曲、打破和混合；有更多歷史可以吸收、處理和美化。

　　不僅如此。分享新事物的規則正在改變。大型強子對撞機（Large Hadron Collider）超越地方文化的研究就是一個好例子：雖然國家之間有衝突，但是印度和巴基斯坦、伊朗和以色列、亞美尼亞和亞塞拜然的科學家全都為了更高的目標─尋找科學真相──一起合作。除了文化改變之外，電腦也加強了創造力，並使之民主化，讓我們可以用新的方法操作既有材料──無論是照片、交響樂或文字。地點不再重要，網路將人的距離降為零，新的文化出現，不再受到海洋和山脈的限制。當前的時代使增生選擇變得比以前都更容易了，啟發了全球更快速地產生原型。這些發展是推動進展之火的燃油。

　　雖然文藝復興是心智世界的重要轉折點，但我們現在面對的是更高的層級。我們消化更多材料，而且消化得更快。中古世紀的畫家可能沒有獅子的第一手資料，但是現在我們知道關於獅子的一切，包括獅子的基因庫。我們要感謝和我們相似的物種，遠古時住在非洲一角，現在遍佈整個地球[2]。

為何未來滲入現在

數位助手已經成為我們日常生活的一部分，我們可以問Siri任何指引或生字，她會搜尋網路，給你令人驚訝的答案。她對事實的掌握比人類更強。但是她有一個基本限制：她根本不知道使用者已經放下手機走開了；她完全不知道性的愉悅或辣椒的辛辣。她也不在乎，她活在自己的世界裡，像是活在魚缸裡一樣。在人工智能領域，有一個觀念叫做「封閉的世界」（closed-world assumption）：為了某個任務做出來的程式完全不會知道任務之外的其他事物。

意外的是，人類也往往活在封閉的世界裡。無論我們知道什麼，我們會假設事情就只是如此。心智上，我們都被拘束在周遭的現代世界裡。在我們的想像中，未來很像現在。如果我們看一看過去，就會知道這種想法多麼有限。我們的祖父母小時候，想像不到圖書館會變成雲端的零和一，也想像不到可以將基因注射到血管裡治病，或是口袋裡放著長方形小卡片，到處走來走去，太空衛星可以因此追蹤到他們的位置。同樣的，我們很難想像幾十年後，我們的孩子可能擁有無人駕駛的汽車。只要把孩子放進汽車，綁好安全帶，揮手道別，六歲的孩子就能夠自己去學校。遇到緊急狀況，你的無人駕駛汽車可以變成救護車，例如你的心跳變得不規律，車子內建的生物監視系統會偵測到問題，改變路線，直接把你送到最近的醫院去。你也

不一定是唯一的乘客。你可能坐上車，一面在車上享受修手指甲和腳趾甲的服務、或是看牙醫，一面去你要去的地方。個人服務完全可以變成移動式的。一旦車子真的可以無人駕駛，座位就不一定要面對前面，也不需要方向盤；可以看起來就像客廳，有沙發或按摩浴缸。但是因為我們假設世界的改變會很小，所以我們很難想像未來會出現什麼。

乍看之下，因為我們很難想像未來的樣貌，所以可能阻礙了人類創造的浪潮。但是浪潮照樣往前。為什麼？因為藝術和科學讓我們不斷敲打我們尚未發明出來的世界邊緣。我們不像Siri，我們的世界不是完全密不透風的，我們的世界邊緣有洞，滲入未來。我們平衡對既有現實的理解以及對未知的想像，不斷越過今天的柵欄，偷窺明日的景觀。

大量創新的時機已經成熟，但是只有當社會的每一個層面都願意為創新投資，才會發生。如果我們不培育孩子的創造力，就無法好好運用人類的獨特性。我們需要投資想像力。

投資將會創造目前只能猜測的未來。想像你坐下來，和800萬年前的大自然對話。她說：「我想創造裸體的猿猴，身體脆弱，露出生殖器官，肚子軟軟的，直立走路，在他能照顧自己之前長年倚賴父母生存。你認為如何？」你不會想得到，這個物種有一天會統治地球。我們就像大自然一樣，無法知道世界以後會變成什麼樣子。我們不知道哪個新主意會茁壯起來。

這也是為什麼我們需要為社區四周的種子澆水。我們需要讓課堂產生許多選擇，容忍風險，用創意挖掘錯誤的答案，讓孩子參與並受到啟發，將嘗試的氣球送進未來。我們需要形塑個人、建立公司，讓新的想法盛開，探索不同的距離。刪除是過程的一部分，改變才是常態。我們不知道創意的投資會帶我們到何處，但是如果可以看到未來，世界的茁壯一定會讓我們相當吃驚。

　　今天是明天的基礎。下一波偉大的想法將來自扭曲、打破和混合現有的一切。材料已經在我們四周了，等著被重塑、打碎和結合。有了課堂與會議室中的必要投資，我們的創意動力會展現出更快的速度。我們將一起尋找新的可能性，寫下未來的故事。

　　現在，闔上書，開始重塑世界吧！

圖片來源

Introduction

NASA Mission Control during Apollo 13's oxygen cell failure Courtesy of NASA

Pablo Picasso: Les Demoiselles d'Avignon, 1907 Museum of Modern Art, New York, USA/ Bridgeman Images. © 2016 Estate of Pablo Picasso / Artists Rights Society (ARS), New York

Chapter 1

Portrait of trumpeter Theo Croker Photo by William Croker

Elly Jackson of La Roux wearing her hair in a Quiff Photo by Phil King

Side profile of a beautiful African woman face with curls Mohawk style © Paul Hakimata | Dreamstime.com

Woman with flowers in her hair (No attribution required)

U.S. Army Sergeant Aaron Stewart races a recumbent bike during the 2016 Invictus Games Department of Defense news photo by E.J. Hersom

Snowboard bicycle Courtesy of Michael Killian

DiCycle Courtesy of GBO Innovation Makers, www.gbo.eu

Conference bicycle Photo by Frank C. Müller [CC BY-SA 4.0 (http://creativecommons.org/licenses/by-sa/4.0)], via Wikimedia Commons

National Football Stadium of Brasilia, Brazil (No attribution required)

Stadion Miejski, Poznan, Poland By Ehreii – Own work, CC BY 3.0, https://commons.wikimedia.org/w/index.php?curid=10804159

Stadium of SC Beira-Mar at Aveiro, Portugal CC BY-SA 3.0, https://commons.wikimedia.org/w/index.php?curid=139668

Saddledome, Calgary, Alberta, Canada By abdallahh from Montréal, Canada (Calgary Saddledome Uploaded by X-Weinzar) [CC BY 2.0 (http://creativecommons.org/licenses/by/2.0)], via Wikimedia Commons

Brain activity measured by magnetoencephalography showing diminishing response to a repeated stimulus Courtesy of Carles Escera, BrainLab, University of Barcelona

Skeuomorph of a digital bookshelf By Jonobacon

Apple Watch By Justin14 (Own work) [CC BY-SA 4.0 (http://creativecommons.org/licenses/by-sa/4.0)], via Wikimedia Commons

Chapter 2

An advertisement for the Casio AT-550-7 © Casio Computer Company, Ltd.

IBM Simon (No attribution required)

Data Rover Photo: Bill Buxton

Palm Vx Photo: Bill Buxton

Radio Shack advertisement Courtesy of Steve Cichon/BuffaloStories archives

Kane Kramer schematics for the IXI Courtesy of Kane Kramer

Apple iPod, 1st generation Photo: Jarod C. Benedict

Paul Cezanne: Mont Sainte-Victoire Philadelphia Museum of Art

El Greco: Apocalyptic Vision (The Vision of St. John) Metropolitan Museum of Art, Rogers Fund, 1956

Paul Gauguin: Nave Nave Fenua (No attribution required)

Iberian female head from 3rd to 2nd century B.C. Photo by Luis Garcia

Detail from Les Demoiselles d'Avignon © 2016 Estate of Pablo Picasso / Artists Rights Society (ARS), New York

19th century Fang mask Louvre Museum, Paris

Detail from Les Demoiselles d'Avignon

Krzywy Domek Photo by Topory

Yago Partal: Defragmentados Courtesy of the artist and Keep It Simple

Thomas Barbey: Oh Sheet! Courtesy of the artist

Pompidou Center Photo credit: Hotblack

Chapter 3

Rouen Cathedral Photo by ByB

Claude Monet: Rouen Cathedral – End of the Afternoon National Museum of Belgrade

Claude Monet: Rouen Cathedral – Façade (Sunset), harmony in gold and blue
Musée Marmottan Monet, Paris, France

Claude Monet: Rouen Cathedral – Façade 1 Pola Museum of Art, Hakone, Japan

Mount Fuji (No attribution required)

Four of Hokusai's "36 Views of Mount Fuji" (No attribution required)

Mayan Sculpture, late Classic period American Museum of Natural History.
Photo by Daderot, [CC0 or CC0], via Wikimedia Commons

Japanese Dogu sculpture Musée Guimet, Paris, France Photo credit: Vassil

Fertility Figure: Female (Akua Ba). Ghana; Asante. 19th-20th CE. Wood, beads, string.
10 11/16 x 3 3/16 X 1 9/16 in. (27.2 x 9.7 x 3.9 cm). The Michael C. Rockefeller Memorial
Collection, bequest of Nelson A. Rockefeller, 1979. Photographed by Schecter Lee. The
Metropolitan Museum of Art © The Metropolitan Museum of Art. Image source: Art Resource, NY

Horse. China, Han dynasty (206 BCE-220 BCE). Bronze. H 3 1/14 in. (8.3 cm);
L 3 1/8 in. (7.9 cm).
Gift of George D. Pratt. The Metropolitan Museum of Art, New York, NY USA
© The Metropolitan Museum of Art. Image source: Art Resource, NY

Horse figure. Ca. 600-480 BCE. Cypriot, Cypro-Archaic II period. Terracotta; hand-made; H 6
1/2 in. (16.5 cm). The Cesnola collection, purchased by subscription, 1874-76.

Philippino knives The Collection of Primitive Weapons and Armor of the Philippine Islands in the United States National Museum, Smithsonian Institution. Photos by Herbert Krieger

Senz umbrella Photo by Eelke Dekker

Unbrella Courtesy of Hiroshi Kajimoto

Nubrella Courtesy of Alan Kaufman, Nubrella

Chapter 4

Sophie Cave: Floating Heads © CSG CIC Glasgow Museums and Libraries Collections

Auguste Rodin: The Shadow – Torso Pinacoteca do Estado de São Paulo Photo by Dornicke

Magdalena Abakanowicz: The Unrecognized Ones Photo by Radomil

Barnett Newman: Broken Obelisk Photo by Ed Uthman

Georges Braque: Still Life with a Violin and a Pitcher, 1910 (Oil on canvas) Kunstmuseum, Basel, Switzerland/Bridgeman Images

Pablo Picasso: Guernica (1937), oil on canvas Museo Nacional Centro de Arte Reina Sofia, Madrid, Spain/Bridgeman Images. © 2016 Estate of Pablo Picasso / Artists Rights Society (ARS), New York

Frangible lighting mask Courtesy of NLR – Netherlands Aerospace Center

David Hockney: The Crossword Puzzle, Minneapolis, Jan. 1983. Photographic collage. Edition of 10. 33X46 © David Hockney. Photo Credit: Richard Schmidt

George Seurat: A Sunday on La Grande Jatte Art Institute of Chicago, Helen Birch Bartlett Memorial Collection, 1926.224

Digital pixilation

Bruno Catalano: The Travelers Photo by Robert Poulain. Courtesy of the artist and Galeries Bertoux

Dynamic Architecture Courtesy of David Fisher – Dynamic Architecture®

Cory Arcangel: Super Mario Clouds. 2002. Hacked Super Mario Bros. Cartridge and Nintendo NES video game system © Cory Arcangel. Image courtesy of Cory Arcangel

A 19th century steam tractor Photo by Timitrius

A mouse hippocampus viewed with the Clarity method Courtesy of Kwanghun Chung, Ph.D.

Chapter 5

Minotaur (No attribution required)

Sphinx Photo credit: Nadine Doerle

Dona Fish, Ovimbundu peoples, Angola Circa 1950s-1960s Wood, pigment, metal, mixed media H 75 cm Fowler Museum at UCLA X2010.20.1; Gift of Allen F. Roberts and Mary Nooter Roberts Image © courtesy Fowler Museum at UCLA. Photography by Don Cole, 2007

Ruppy the Puppy in daylight and darkness Courtesy of CheMyong Jay Ko, PhD

Human skeleton Photo by Sklmsta [CC0], via Wikimedia Commons

Joris Laarman bone rocker Image courtesy of Friedman Benda and Joris Laarman Lab. Photography: Steve Benisty

Kingfisher bird Photo by Andreas Trepte

Shinkansen series N700 bullet train By Scfema, via Wikimedia Commons

Girl (Simone Leigh + Chitra Ganesh): My dreams, my works must wait till after hell, 2012 Single-channel HD video, 07:14 min RT, Edition of 5 Courtesy of the artists

Sewell family photo Courtesy of Jason Sewell

HDR photograph of Goldstream Provincial Park Photo by Brandon Godfrey

Louvre Pyramid (No attribution required)

Frida Kahlo: La Venadita Formerly in the collection of Dr. Carolyn Farb, hc

Craig Walsh: Spacemakers Courtesy of the artist. Spacemakers 2013 For Luminous Night, University of Western Australia, Perth. MEDIUM – Three-channel digital projection, trees; 30-minute loop. commissioner – University of Western Australia. subjects Lady Jean Brodie-Hall (former Landscape Architect, University of Western Australia), Rose Chaney (former Chair, Friends of the Grounds), Brian Cole (Horticulturalist), Jamie Coopes (Horticulture Supervisor), Judith Edwards (Chair, Friends of the Grounds), Gus Fergusson (Architect), Bill James (former Landscape Architect), David Jamieson (Curator of Grounds), Gillian Lilleyman (author, Landscape for Learning), Dr Linley Mitchell (Propagation Group, Friends of Grounds), Frank Roberts (former Architectural Advisor), Susan Smith (Horticulturalist), Geoff Warne (Architect) and Dr Helen Whitbread (Landscape Architect)

Elizabeth Diller and Ricardo Scofidio's "Blur Building" Photo by Norbert Aepli, Switzerland

Futevolei Photo by Thomas Noack

Jasper Johns: 0-9, 1961. Oil on canvas, 137.2 x 104.8 cm. Tate Gallery Photo credit: Tate, London / Art Resource, NY. Art © Jasper Johns/Licensed by VAGA, New York, NY

Michaelangelo: Isaiah By Missional Volunteer (Isaiah Uploaded by Gary Dee) [CC BY-SA 2.0 (http://creativecommons.org/licenses/by-sa/2.0)], via Wikimedia Commons

Norman Rockwell: Rosie the Riveter Printed by permission of the Norman Rockwell Family Agency. © 1942 the Norman Rockwell Family Entities

Chapter 6

Garden at the Palace of Versailles (No attribution required)

Capability Brown's Hillier Gardens Photo by Tom Pennington

Persian carpet © Ksenia Palimski | Dreamstime.com

Ceiling of the Alhambra Photo by Jebulon

Francis Boucher: The Triumph of Venus No attribution required

Ryoan-ji (late 15th century) in Kyoto, Japan By Cquest – Own work, CC BY-SA 2.5, https://commons.wikimedia.org/w/index.php?curid=2085504

A set of stimuli from Gerda Smets' tests of visual complexity

Vassily Kandinsky, "Composition VII" (1913) (No attribution required)

Kasimir Malevich, "White on White" (1918) (No attribution required)

Muller-Lyer illusion

Chapter 7

Jonathan Safran Foer: Tree of Codes Courtesy of Visual Editions

Mercantonio Raimondi: The Judgment of Paris (after Raphael)

Manet: Le déjeuner sur l'herbe

Pablo Picasso: Le déjeuner sur l'herbe, apres Manet (1960) Musee Picasso, Paris, France Peter Willi/Bridgeman Images. © 2016 Estate of Pablo Picasso / Artists Rights Society (ARS), New York

Robert Colescott: Les Demoiselles d'Alabama dénudées (1985) © Robert Colescott Photo by Peter Horree/Alamy Stock Photo

Philip Guston: To B.W.T., 1952. Oil on canvas 48 1/2 x 51 1/2 in. Collection of Jane Lang Davis. © Estate of Philip Guston

Philip Guston: Painting, 1954. Oil on canvas. 63 1/4 x 60 1/8 in. The Museum of Modern Art, New York. Philip Johnson Fund. © Estate of Philip Guston

Philip Guston: Riding Around, 1969. Oil on canvas. 54 x 79 in. Private Collection, New York © Estate of Philip Guston

Philip Guston: Flatlands, 1970. Oil on canvas. 70 x 114 1/2 in. Collection of Byron R. Meyer; Fractional gift to the San Francisco Museum of Modern Art © Estate of Philip Guston

The Lady Blunt Stradivarius of 1721 Tarisio Auctions. Violachick68 at English Wikipedia

Composite violin Courtesy of Luis and Clark Instruments. Photo by Kevin Sprague

Chapter 8

Velasquez: La Meninas Museo National del Prado, Spain

Pablo Picasso: five variations on "Las Meninas," 1957, oil on canvas Museo Picasso, Barcelona, Spain/Bridgeman Images. © 2016 Estate of Pablo Picasso / Artists Rights Society (ARS), New York

Max Kulich's sketches for the Audi CitySmoother Courtesy of Max Kulich

The Architectural Reseasrch Office's sketches for the Flea Theater in New York Courtesy of Architectural Research Office

Joshua Davis' skethes for IBM Watson Courtesy of Joshua Davis

IBM Watson on the Jeopardy set Courtesy of Sony Pictures Television

Advent, Thunderbird, Starchaser, Ascender, and Proteus Courtesy of the Ansari X-Prize

Scaled Composite's SpaceShipOne Courtesy of the Ansari X-Prize

Chapter 9

Einstein blouses https://www.google.com/patents/USD101756

Sarah Burton: Kate Middleton wedding dress Photo by Kirsty Wigglesworth – WPA Pool/ Getty Images

Sarah Burton: three dresses from the Autumn/Winter 2011-12 Alexander McQueen ready-to-ware collection Photo by Francois Guillot, AFP, Getty Images

Norman Bel Geddes: Motor Coach no. 2, Roadable Airplane, Aerial Restaurant and Walless House Courtesy of the Harry Ransom Center, the University of Texas at Austin © The Edith Lutyens and Norman Bel Geddes Foundation, Inc.

Study of Naviglio canal pound lock by Leonardo da Vinci Biblioteca Ambrosiana, Milan, ItalyDe Agostini Picture Library/Metis e Mida Informatica / Veneranda Biblioteca Ambrosiana/Bridgeman Images

El Tumbun de San Marc (Il Tombone di San Marco). Waterway in Milan with locks after Leonardo da Vinci's design Photo: Mauro Ranzani. Photo credit: Scala/Art Resource New York

Parachute, drawing by Leonardo da Vinci © Tallandier/Bridgeman Images.

Adrian Nicholas parachute jump Photo by Heathcliff O'Malley

Chapter 10

Richard Serra: Tilted Arc Photo by Jennifer Mei

Chapter 11

Raymond Loewy: Greyhound SceniCruiser drawing Courtesy of the estate of Raymond Loewy

Greyhound SceniCruiser Underwood Archives

Hot Bertaa tea kettle Courtesy of Alessi S.P.A., Crusinallo, Italy

Toyota FCV plus (No attribution required)

Mercedes F 015 (No attribution required)

Toyota i-Road Photo by Clément Bucco-Lechat

Peugeot Moovie Photo by Brian Clontarf

Mercedes Biome car Courtesy of Mercedes Benz

Viktor & Rolf haute couture from the Spring-Summer 2016 and Spring-Summer 2015 collections Courtesy of Peter Stigter

Pierre Cardin haute couture from the fashion show "Pierre Cardin in Moscow Fashion With Love for Russia." Fall-Winter 2016/2017 © Strajin | Dreamstime.com – The Fashion Show Pierre Cardin In Moscow Fashion Week With Love For Russia Fall-Winter 2016/2017 Photo

Antii Asplund "Heterophobia" haute couture at the Charity Water fashion show at the Salon at Lincoln Center, 2015 © Antonoparin | Dreamstime.com – A Model Walks The Runway During The Charity Water Fashion

Predicta television (No attribution necessary)

Lowe's Holoroom Courtesy of Lowe's Innovation Labs

David wearing the NeoSensory Vest Photo by Bret Hartman

Skin smoothing laser prototypes Courtesy of Continuum Innovation

Office, 1937 (No attribution required)

Cubicle farm Ian Collins

An office in London Phil Whitehouse

RCA advertisement "Radio & Television" (magazine) Vol. X, No. 2, June, 1939. (inside front cover) New York: Popular Book Corporation "The Cooper Collections" (uploader's private collection, Digitized by Centpacrr)

Chapter 12

Student drawings of apples Courtesy of Lindsay Esola

Jasper Johns: Flag (1967, printed 1970). Lithograph in colors, trial proof 2/2. 24 1/4 x 29 5/8 in. (61.6 x 75.2 cm) The Museum of Fine Arts, Houston, Museum purchase funded by The Brown Foundation, Inc., and Isabel B. Wilson, 99.178. Art © Jasper Johns/Licensed by VAGA, New York, NY

Jasper Johns: Flag (1972/1994). Ink (1994) over lithograph (1972). 16 5/8 x 22 5/16 in. (42.2 x 56.7 cm) The Museum of Fine Arts, Houston, Museum purchase funded by Caroline Wiess Law, 2001.791. Art © Jasper Johns/Licensed by VAGA, New York, NY

Jasper Johns: Three Flags (1958). Encaustic on canvas. 78.4 x 115.6 x 12.7 cm Whitney Museum of American Art, New York, USA/Bridgeman Images. Art © Jasper Johns/Licensed by VAGA, New York, NY

Jasper Johns: White Flag (1960). Oil and newspaper collage over lithograph. 56.5 x 75.5 cm Private Collection. Photo © Christie's Images/Bridgeman Images. Art © Jasper Johns/Licensed by VAGA, New York, NY

Jasper Johns: Flag (Moratorium) (1969). Color lithograph. 52 x 72.4 cm Private Collection. Photo © Christie's Images/Bridgeman Images. Art © Jasper Johns/Licensed by VAGA, New York, NY

Picasso: Bull plates – 1st, 3rd, 4th, 7th, 9th and 11th states (1945-46). Engravings. 32.6 x 44.5 cm Photos: R. G. Ojeda. Musée Picasso. © RMN-Grand Palais / Art Resource, NY © 2016 Estate of Pablo Picasso / Artists Rights Society (ARS), New York

Lichtenstein: Bulls I – VI (1973 Line cut on Arjomari paper 27 x 35 in. (68.6 x 88.9 cm) Courtesy of the estate of Roy Lichtenstein

Students at the REALM Charter School working on the X-library Courtesy of Emily Pilloton, Project H

Chapter 13

Giacomo Jaquerio: The Fountain of Life, detail of a lion (1418-30), fresco Castello della Manta, Saluzzo, Italy © Bridgeman Images

16th century engraving of Alexander the Great watching a fight between a lion, an elephant and a dog Metropolitan Museum of Art, Harris Brisbane Dick Fund, 1945

Vittore Carpacci: Lion of St. Mark, Palazzo Ducale, Venice (No attribution required)

Albrecht Dürer: Lion (No attribution required)

NOTES

前言

1   Gene Kranz, *Failure Is Not an Option: Mission Control from Mercury to Apollo 13 and Beyond* (New York: Simon & Schuster, 2000).

2   Jim Lovell and Jeffrey Kluger, *Apollo 13* (New York: Pocket Books, 1995).

3   John Richardson and Marilyn McCully, *A Life of Picasso* (New York: Random House, 1991).

4   William Rubin, Pablo Picasso, Hélène Seckel-Klein and Judith Cousins, *Les Demoiselles D'Avignon* (New York: Museum of Modern Art, 1994).

5   A.L. Chanin, "Les Demoiselles de Picasso," *New York Times*, August 18, 1957.

6   John Richardson and Marilyn McCully, *A Life of Picasso* (New York: Random House, 1991).

7   Robert P. Jones et al., How *Immigration and Concerns About Cultural Changes Are Shaping the 2016 Election* (Washington, D.C.: Public Religion Research Institute, 2016), <http://www.prri.org/research/prri-brookings-immigration-report>

一. 創新是人之所趨

1   Eric Protter, ed, *Painters on Painting* (New York: Dover, 2011), p. 219.

2   M. Recasens, S. Leung, S. Grimm, R. Nowak, C. Escera, (2015). "Repetition suppression and repetition enhancement underlie auditory memory-trace formation in the human brain: an MEG study," *Neuroimage*, 108, pp. 75–86.

3   The structure of humor is so well understood that one can make computers funny. Believe it or not, there is an entire field of computer humor.

4   D.M. Eagleman, C. Person, P.R. Montague, "A computational role for dopamine delivery in human decision-making," *Journal of Cognitive Neuroscience* 10, no. 5 (1998): pp. 623–630.

5   Ian Parker, "The Shape of Things to Come," *New Yorker*, February 2015.

6   Randy L. Buckner and Fenna M. Krienen, "The Evolution of Distributed Association Networks in the Human Brain," *Trends in Cognitive Sciences* 17, no. 12 (2013): pp. 648–662, http://dx.doi.org/10.1016/j.tics.2013.09.017

7   D.M. Eagleman, Incognito: *The Secret Lives of the Brain* (New York: Pantheon, 2011).

8   D.M. Eagleman, *Incognito*.

9   D.M. Eagleman, *The Brain: The Story of You* (London: Canongate, 2015).

10 Artin Göncü and Suzanne Gaskins, *Play and Development: Evolutionary, Sociocultural, and Functional Perspectives* (Mahwah: Lawrence Erlbaüm, 2007).

11 Gilles Fauconnier and Mark Turner, *The Way We Think: Conceptual Blending and the Mind's Hidden Complexities* (New York: Basic Books, 2002).

12 Jonathan Gottschall, *The Storytelling Animal: How Stories Make Us Human* (New York: Mariner Books, 2012).

13 Joyce Carol Oates, "The Myth of the Isolated Artist," *Psychology Today* 6 (1973): pp. 74–5.

14 Wouter van der Veen and Axel Ruger, *Van Gogh in Auvers* (New York: Monacelli Press, 2010), p. 259.

15 Edward O. Wilson, *Letters to a Young Scientist* (New York: Liveright, 2013).

二. 大腦改變已知

1 "The Buxton Collection," Microsoft Corporation, accessed May 5, 2016.
   <http://research.microsoft.com/en-us/um/people/bibuxton/buxtoncollection>

2 Alexis C. Madrigal, "The Crazy Old Gadgets that Presaged the iPod, iPhone and a Whole
   Lot More," *Atlantic*, May 11, 2011, accessed August 19, 2015. <http://www.theatlantic.com/
   technology/archive/2011/05/the-crazy-old-gadgets-that-presaged-the-ipod-iphone-and-a-whole-
   lot-more/238679/>

3 Steve Cichon, "Everything from this 1991 Radio Shack Ad You Can Now Do with Your Phone,"
   The Huffington Post, January 16, 2014, accessed August 19, 2015, <http://www.huffingtonpost.
   com/steve-cichon/radio-shack-ad_b_4612973.html>

4 Although radar detectors have not been replaced, they've been superseded: apps such as Waze
   use crowdsourcing from millions of drivers to mark speed traps. And although your smartphone
   doesn't contain a fifteen-inch woofer, it transmits your endless library of music to any speaker
   system you'd like.

5 Jon Gertner, *The Idea Factory: Bell Labs and the Great Age of American Innovation* (New York:
   Penguin Press, 2012).

6 Andrew Hargadon, *How Breakthroughs Happen: The Surprising Truth about How Companies Innovate*
   (Boston: Harvard Business School Publications, 2003).

7 John Livingston Lowes, *The Road to Xanadu: a Study in the Ways of the Imagination* (Boston:
   Houghton Mifflin Company, 1927).

8 John Livingston Lowes, *The Road to Xanadu.*

9 Michel de Montaigne, *Complete Essays*, trans. Donald Frame (Palo Alto: Stanford University Press,
   1958).

10 Steven Johnson, *Where Good Ideas Come From: The Natural History of Innovation* (New York:
    Riverhead Books, 2010).

11 Michael D. Lemonick, *The Perpetual Now: A Story of Love, Amnesia, and Memory* (New York: Doubleday,
    2017).

12 Ray Kurzweil, *The Age of Spiritual Machines* (New York: Viking, 1999). An initial rough draft of
    the human genome was announced in 2000, and an updated version was published in 2003. We've
    chosen 2000 as the year of completion, although note that "finishing" this project took more than
    another decade, and further analysis is ongoing.

13 The proposition that all creativity is cognitively unified was first advanced by Arthur Koestler
    and subsequently developed by cognitive scientists Mark Turner and Gilles Fauconnier. In their
    seminal 2002 book, *The Way We Think*, Turner and Fauconnier describe human creativity as being
    rooted in our capacity for what they call *conceptual integration* or *dual scope blending*, from which we
    derive our term *blending*. In a similar vein, Douglas Hofstadter has argued that our capacity for
    metaphor is the cornerstone of human thinking.

14 Scientists are working hard to visualise the basis of imaginative thinking. Thanks to advances in
    neuroimaging, our understanding of brain function has made great leaps forward. By monitoring
    the flow of oxygenated blood, we can tell which regions are involved in different tasks and which
    regions are conversing in the cacophonous chat room of neurons. But there are limitations:

neuroimaging is still a young technology and low resolution, and when it comes to what the neurons are actually saying to each other, it's still anyone's guess. For now at least, brain imaging offers only a hazy picture.

15 Sami Yenigun, "In Video-Streaming Rat Race, Fast Is Never Fast Enough," *NPR*, January 10, 2013, accessed August 19, 2015, <http://www.npr.org/2013/01/10/168974423/in-video-streaming-rat-race-fast-is-never-fast-enough>

16 Robert J. Weber and David N. Perkins, *Inventive Minds: Creativity in Technology* (New York: Oxford University Press, 1992).

17 Roberta Smith, "Artwork That Runs Like Clockwork," *New York Times*, June 21, 2012, accessed August 19, 2015, <http://www.nytimes.com/2012/06/22/arts/design/the-clock-by-christian-marclay-comes-to-lincoln-center.html?_r=0>

三. 扭曲

1 Victor K. McElheny, *Insisting on the Impossible: The Life of Edwin Land* (Reading, MA: Perseus Books, 1998), p. 35.

2 Michele Hilmes, *Hollywood and Broadcasting: From Radio to Cable* (Urbana: University of Illinois Press), pp. 125–6.

3 William Sangster, *Umbrellas and Their History* (London: Cassell, Petter, and Galpin, 1871).

4 Susan Orlean, "Thinking in the Rain," *New Yorker*, February 11, 2008, <http://www.newyorker.com/magazine/2008/02/11/thinking-in-the-rain>

5 Enid Nemy, "Bobby Short, Icon of Manhattan Song and Style, Dies at 80," *New York Times*, March 21, 2005, accessed May 5, 2016, <http://www.nytimes.com/2005/03/21/arts/music/21cnd-short.html?_r=0>

6 Arthur Conan Doyle, *Sherlock Holmes: The Complete Novels and Stories* (New York: Bantam, 1986).

7 As linguist Noam Chomsky has pointed out, the purpose of grammar is to enable us to take a limited collection of words and perpetually rearrange them in a way that is still intelligible. "The central fact to which any significant linguistic theory must address itself is this: a mature speaker can produce a new sentence of his language on the appropriate occasion and other speakers can understand it immediately, though it is equally new to them." For citation, see Jane Singleton, "The Explanatory Power of Chomsky's Transformational Generative Grammar," *Mind* 83, no. 331 (1974): 429-31, <http://dx.doi.org/:10.1093/mind/lxxxiii.331.429>

8 Christian Bachmann and Luc Basier, "Le Verlan: Argot D'école Ou Langue Des Keums?" *Mots Mots* 8, no. 1 (1984): pp. 169–87. <https://dx.doi.org/10.3406/mots.1984.1145>

9 Eugene Volokh, "The Origin of the Word 'Guy,'" *Washington Post*, May 14, 2015.

四. 打破

1 This concept was first proposed at Bell Labs in 1947 by inventors Douglas Ring and W. Rae Young. See Guy Klemens, *The Cellphone: The History and Technology of the Gadget that Changed the World* (Jefferson, NC: McFarland, 2010).

2 Copyright 1950, (c) 1978, 1991 by the Trustees for the e. e. cummings Trust, from COMPLETE POEMS: 1904-1962 by e. e. cummings, edited by George J. Firmage. Used by permission of Liveright Publishing Corporation.

3   M. Mitchel Waldrop, *The Dream Machine: J.C.R. Licklider and the Revolution that Made Computing Personal* (New York: Viking, 2001).

4   Reinhard Schrieber and Herbert Gareis, *Gelatine Handbook: Theory and Industrial Practice* (Weinheim: Wiley-VCH, 2007).

5   Mark Forsyth, *The Etymologicon: A Circular Stroll through the Hidden Connections of the English Language* (New York: Berkley Books, 2012).

6   Colin Fraser, *Harry Ferguson: Inventor & Pioneer* (Ipswich: Old Pond Publishing Ltd, 1972).

7   Alec Foege, *The Tinkerers: The Amateurs, DIYers, and Inventors Who Make America Great* (New York: Basic Books, 2013).

8   Stephen Witt, *How Music Got Free* (New York: Penguin Books, 2015), p. 130.

9   Helen Shen, "See-Through Brains Clarify Connections," *Nature* 496, no. 7444 (2013): p. 151, accessed August 20, 2015, <http://dx.doi.org/10.1038/496151a>

10 Sarnoff A. Mednick, "The Associative Basis of the Creative Process," *Psychological Review* 69 no. 3 (1962): pp. 220–32.

五. 混合

1   A. Lazaris et al., "Spider Silk Fibers Spun from Soluble Recombinant Silk Produced in Mammalian Cells," *Science* 295, no. 5554 (2002): pp. 472–476, <http://dx.doi.org/10.1126/science.1065780>

2   Hadley Leggett, "One Million Spiders Make Golden Silk for Rare Cloth," *Wired*, September 23, 2009, accessed August 21, 2015, <http://www.wired.com/2009/09/spider-silk/>

3   Adam Rutherford, "Synthetic Biology and the Rise of the 'Spider-Goats,'" *The Guardian*, January 14, 2012, accessed August 20, 2015, <http%3A%2F%2Fwww.theguardian.com%2Fscience%2F2012%2Fjan%2F14%2Fsynthetic-biology-spider-goat-genetics>

4   Mark Miodownik, *Stuff Matters: Exploring the Marvelous Materials That Shape Our Man-made World* (London: Penguin, 2013). When dormant, the bacteria B. pasteurii can survive for decades even in extreme conditions such as the hearts of volcanoes; when active, they secrete calcite, one of concrete's key ingredients.

5   The hybrid approach between humans and computers is quickly changing, as companies take on super-human recognition engines (e.g. deep learning algorithms). But note that these new approaches are entirely trained up by previously human-tagged pictures.

6   Julian Franklyn, *A Dictionary of Rhyming Slang*, 2nd ed. (London: Routledge, 1991).

7   Reprinted by arrangement with the Heirs to the Estate of Martin Luther King Jr. c/o The Writers House as agent for the proprietor New York, NY © 1963 Dr Martin Luther King Jr. © Renewed 1991 Coretta Scott King.

8   Carmel O'Shannessy, "The role of multiple sources in the formation of an innovative auxiliary category in Light Warlpiri, a new Australian mixed language," *Language* 89 (2) pp. 328–353.

9   <http://www.whosampled.com/Dr.-Dre/Let-Me-Ride/>

10 Ellen Otzen, "Six Seconds that shaped 1,500 songs," *BBC World Service Magazine*, March 29, 2015, <http://www.bbc.com/news/magazine-32087287>

11 Miljana Radivojević et al., "Tainted Ores and the Rise of Tin Bronzes in Eurasia, C. 6,500 Years Ago," *Antiquity* 87, no. 338 (2013): pp. 1030–45.

12 Mark Turner, *The Origins of Ideas: Blending, Creativity, and the Human Spark* (New York: Oxford University Press, 2014), p. 13.

六. 活在蜂窩裡

1 "Noh and Kutiyattam – Treasures of World Cultural Heritage," *The Japan-India Traditional Performing Arts Exchange Project 2004*, December 26, 2004, accessed August 21, 2015, <http://noh.manasvi.com/noh.html>

2 Yves-Marie Allain and Janine Christiany, *L'Art des Jardins en Europe* (Paris: Citadelles and Mazenod, 2006).

3 Richard Rhodes, *The Making of the Atomic Bomb* (New York: Simon & Schuster, 1986).

4 In his review of Steven Gimbel's book *Einstein's Jewish Science* in the *New York Times*, George Johnson says, "This wasn't just a fringe view. Philipp Lenard, who won a Nobel Prize for his work on cathode rays, wrote a four-volume treatise on the one true science and called it 'German Physics.' In the foreword he touched on 'Japanese Physics,' 'Arabian Physics' and 'Negro Physics.' But he saved his wrath for the physics of the Jews. 'The Jew wants to create contradictions everywhere and to separate relations, so that preferably, the poor naïve German can no longer make any sense of it whatsoever.' Einstein's theories, he wrote, 'Never were even intended to be true.' Lenard just didn't understand them." From George Johnson, "Quantum Leaps: 'Einstein's Jewish Science,' by Steven Gimbel," *New York Times*, August 3, 2012, accessed May 11, 2016, <http://www.nytimes.com/2012/08/05/books/review/einsteins-jewish-science-by-steven-gimbel.html?pagewanted=all&_r=1>

5 M. Riordan, "How Europe Missed the Transistor," *IEEE Spectr. IEEE Spectrum* 42, no. 11 (2005): pp. 52–57.

6 Nahum Tate, *The History of King Lear* (London: Richard Wellington, 1712).

7 Our thanks to historian Cyrus Mody for these insights.

8 Steven Shapin, Simon Schaffer, and Thomas Hobbes, *Leviathan and the Air-Pump: Hobbes, Boyle, and the Experimental Life* (Princeton: Princeton University Press, 1985).

9 Ernest Hemingway, "Hills Like White Elephants," *in The Complete Short Stories of Ernest Hemingway* (New York: Scribner, 1987).

10 James Fenimore Cooper, *The Pioneers* (Boone, IA: Library of America, 1985).

11 Maynard Solomon, *Beethoven* (New York: Schirmer Books, 2001).

12 Lucy Miller, *Chamber Music: An Extensive Guide for Listeners* (Lanham: Rowman and Littlefield, 2015).

13 Charles Rosen, *The Classical Style: Haydn, Mozart, Beethoven* (New York: W.W. Norton, 1997).

14 Arika Okrent, *In the Land of Invented Languages: Esperanto Rock Stars, Klingon Poets, Loglan Lovers, and the Mad Dreamers Who Tried to Build a Perfect Language* (New York: Spiegel & Grau, 2009).

15 George Alan Connor, Doris Taapan Connor, William Solzabacher and the Very Reverend Dr J.B. Se-Tsien Kao, comp., *Esperanto: The World Interlanguage* (New York: T. Yoseloff, 1966).

16 Connor, Connor, Solzabacher and Kao, *Esperanto: The World Interlanguage*, p. 20.

17 Gerta Smets, *Aesthetic Judgment and Arousal* (Leuven: Leuven University Press, 1973).

18 Joseph Henrich, Steven J. Heine, and Ara Norenzayan, "The Weirdest People in the World?" *Behavioral and Brain Sciences* 33 (2010): pp. 61–135, <http://dx.doi.org/10.1017/S0140525X0999152X>

19 Marshall H. Segal, Donald T. Campbell, and Melville J. Herskovits, *The Influence of Culture on Visual Perception* (Indianapolis: Bobbs-Merrill, 1966).

20 Donald A. Vaughn and David M. Eagleman, "Spatial warping by oriented line detectors can counteract neural delays," *Frontiers in Psychology*, 4:794 (2013).

21 Avantika Mathur et al., "Emotional Responses to Hindustani Raga Music: The Role of Musical Structure," *Frontiers in Psychology* 6, no. 513 (2015), <http://dx.doi.org/10.3389/fpsyg.2015.00513>

22 Zohar Eitan and Renee Timmers, "Beethoven's last piano sonata and those who follow crocodiles: Cross-domain mappings of pitch in a musical context," *Cognition* 114 (2010): pp. 405–422.

23 Laurel J. Trainor and Becky M. Heinmiller, "The development of evaluative responses to music: Infants prefer to listen to consonance over dissonance," *Infant Behavior and Development* Volume 21, Issue 1, 1998: pp. 77–88. DOI: https://doi.org/10.1016/S0163-6383(98)90055-8.

24 Judy Plantinga and Sandra E. Trehub, "Revisiting the Innate Preference for Consonance," *Journal of Experimental Psychology: Human Perception and Performance* 40, no. 1 (2014): pp. 40–49, <http://dx.doi.org/10.1037/a0033471>

25 As novelist Milan Kundera puts it, "What objective aesthetic value can we speak of if each nation, each historical period, each social group has tastes of its own?" In Milan Kundera, *The Curtain: An Essay in Seven Parts*, trans. Linda Asher (New York: HarperCollins, 2007).

26 Stephen Greenblatt, *The Norton Anthology of English Literature*, Vol. B (New York: W.W. Norton, 2012).

七. 不要固定住

1 Albert Boime, "The Salon Des Refusés and the Evolution of Modern Art," *Art Quarterly* 32 (1969): pp. 411–26.

2 Martin Schwarzbach, *Alfred Wegener: The Father of Continental Drift* (Madison: Science Tech, 1986).

3 Naomi Oreskes, *The Rejection of Continental Drift: Theory and Method in American Earth Science* (New York: Oxford University Press, 1999).

4 Roger M. McCoy, *Ending in Ice: The Revolutionary Idea and Tragic Expedition of Alfred Wegener* (Oxford: Oxford University Press, 2006).

5 Chester R. Longwell, "Some Thoughts on the Evidence for Continental Drift," *American Journal of Science* 242 (1944): pp. 218–231.

6 J. Tuko Wilson, "The Static or Mobile Earth," *Proceedings of the American Philosophical Society*, Vol. 112, No. 5 (1968): pp. 309–320.

7 Robert Hughes, "Art: Reflections in a Bloodshot Eye," *Time*, August 3, 1981. Accessed July 14, 2014, http://content.time.com/time/magazine/article/0,9171,949302-2,00.html

8 Robert Christgau, *Grown Up All Wrong: 75 Great Rock and Pop Artists from Vaudeville to Techno* (Cambridge, Mass: Harvard University Press, 1998).

9 E.O. Wilson, *The Social Conquest of Earth* (New York: Liveright, 2012).

10 Richard Dawkins, "The Descent of Edward Wilson," *Prospect*, June 2012.

八. 擴大選擇

1   Gary R. Kremer, *George Washington Carver: A Biography*. (Santa Barbara, CA: Greenwood, 2011), p. 104.

2   Ernest Hemingway, Patrick Hemingway, and Seán A. Hemingway, *A Farewell to Arms: The Hemingway Library Edition* (New York: Scribner, 2012).

3   Alex Osborn, *Applied Imagination* (Oxford: Scribner, 1953).

4   Matthew Schneier, "The Mad Scientists of Levi's," *New York Times*, November 5, 2015.

5   This technique is called parallel synthesis. It was developed by John Ellman and Michael Pavia, and builds on the work of earlier pioneers in combinatorial chemistry.

6   Thomas A. Edison, "The Phonograph and Its Future," *Scientific American* 5, no. 124 (1878): 1973-4, <http://dx.doi.org/10.1038/scientificamerican05181878-1973supp>

7   Dava Sobel, *Longitude: The True Story of a Lone Genius Who Solved the Greatest Scientific Problem of His Time* (New York: Walker, 1995).

8   Dava Sobel, *Longitude*.

9   Unfortunately, Harrison never received his due. To test whether Harrison's elaborate design could be manufactured by others, the Board of Longitude commissioned another watchmaker named Larcum Kendall to make a copy. It took Kendall two and half years to complete it. Kendall's knock-off, called the K-1, was indistinguishable from Harrison's except for a more ornate backplate. The Board of Longitude chose the K-1 over the H-4 to accompany Captain Cook on his voyage to the Pacific; in their minds, that disqualified Harrison for the Longitude Prize. Ailing and impoverished, Harrison pleaded his case before Parliament. He was at last awarded the prize money – but never the prize itself.

10 Jeff Brady, "After Solyndra Loss, U.S. Energy Loan Program Turning A Profit," *National Public Radio*, November 13, 2014, accessed August 20, 2015, <http://www.npr.org/2014/11/13/363572151/after-solyndra-loss-u-s-energy-loan-program-turning-a-profit>

11 Because of our comfort with error, the metaphor of the brain as a standard digital computer is deeply misleading. With an artificial neural network, if you put a pattern of 0s and 1s in, you get the same pattern out. It is that reliability that makes computers such a valuable tool. It may be that our imperfect memories are the root of our creativity: we put a pattern of 0s and 1s in and get a slightly different answer out each time.

12 E.O. Wilson, *The Future of Life* (New York: Random House, 2002).

九. 探測不同的距離

1   Neil Baldwin, *Edison: Inventing the Century* (Chicago: University of Chicago Press, 2001).

2   Norman Bel Geddes, *Miracle in the Evening: An Autobiography*, ed. William Kelley, (Garden City: Doubleday & Company, 1960), p. 347. Donald Albrecht, ed., *Norman Bel Geddes Designs America* (New York: Abrams, 2012), 220.

3   Chad Randl, *Revolving Architecture* (New York: Princeton Architectural Press, 2008), p. 91.

4 Norman Bel Geddes, "Today in 1963," article, University of Texas Harry Ransom Center, Norman Bel Geddes Database.

5 Joseph J. Ermenc, "The Great Languedoc Canal," *French Review* 34, no. 5 (1961): p. 456; Robert Payne, *The Canal Builders; The Story of Canal Engineers through the Ages* (New York: Macmillan, 1959).

6 Lynn White, "The Invention of the Parachute," *Technology and Culture* 9, no. 3 (1968): 462, accessed April 13, 2014, <http://dx.doi.org/10.2307/3101655>

7 Damian Carrington, "Da Vinci's Parachute Flies" *BBC News*, June 27, 2000, accessed August 21, 2015, <http://news.bbc.co.uk/2/hi/science/nature/808246.stm>

8 Robert S. Kahn, *Beethoven and the Grosse Fuge: Music, Meaning, and Beethoven's Most Difficult Work* (Lanham, MD: Scarecrow Press, 2010).

十. 容忍風險

1 Frederick Dalzell, *Engineering Invention: Frank J. Sprague and the U.S. Electrical Industry* (Cambridge, MA: MIT Press, 2010).

2 Paul Israel, *Edison: A Life of Invention* (New York: John Wiley, 1998).

3 Thomas Edison, in Andrew Delaplaine, *Thomas Edison: His Essential Quotations* (New York: Gramercy Park, 2015), p. 3.

4 James Dyson, "No Innovator's Dilemma Here: In Praise of Failure," *Wired*, April 8, 2011, accessed August 21, 2015, <http://www.wired.com/2011/04/in-praise-of-failure/>

5 Marcia B. Hall, *Michelangelo's Last Judgment* (Cambridge: Cambridge University Press, 2005).

6 Marcia B. Hall, *Michelangelo's Last Judgment*.

7 Richard Steinitz, *György Ligeti: Music of the Imagination* (Boston: Northeastern University Press, 2003).

8 T.J. Pinch and Karin Bijsterveld, *The Oxford Handbook of Sound Studies* (New York: Oxford University Press, 2012).

9 NOVA, "Andrew Wiles on Solving Fermat," *PBS*, November 1, 2000, accessed May 11, 2016, <http://www.pbs.org/wgbh/nova/physics/andrew-wiles-fermat.html>

10 Simon Singh, *Fermat's Enigma: The Epic Quest to Solve the World's Greatest Mathematical Problem* (New York: Walker, 1997).

11 Michael J. Gelb, *How to Think like Leonardo Da Vinci* (New York: Dell, 2000).

12 Dean Keith Simonton, "Creative Productivity: A Predictive and Explanatory Model of Career Trajectories and Landmarks," *Psychological Review* 104 no. 1 (1997): p. 66–89, <http://dx.doi.org/10.1037/0033-295X.104.1.66>

13 Yasuyuki Kowatari et al., "Neural Networks Involved in Artistic Creativity," *Human Brain Mapping* 30 no. 5 (2009): pp. 1678-90, <http://dx.doi.org/10.1002/hbm.20633>

14 Suzan-Lori Parks, *365 Days/365 Plays* (New York: Theater Communications Group, Inc., 2006).

十一. 有創意的公司

1   "Burbank Time Capsule Revisited," *Los Angeles Times*, March 17, 2009, accessed May 11, 2016,
    <http://latimesblogs.latimes.com/thedailymirror/2009/03/burbank-time-ca.html>

2   John H. Lienhard, *Inventing Modern: Growing up with X-rays, Skyscrapers, and Tailfins*
    (New York: Oxford University Press, 2003).

3   See <https://en.wikipedia.org/wiki/List_of_defunct_automobile_manufacturers_of_the_United_
    States>

4   Peter L. Jakab and Rick Young, *The Published Writings of Wilbur & Orville Wright*
    (Washington, D.C.: Smithsonian Books, 2000).

5   The aviator Robert Esnault-Pelterie recognised the promise of Boulton's design. Learning of
    the Wright brothers' success, he built a similar glider, but this time with ailerons.

6   From email correspondence with David Hagerman, curator of the Raymond Loewy estate and
    COO of Loewy Design.

7   Jillian Eugenios, "Lowe's Channels Science Fiction in New Holoroom," *CNN*, June 12, 2014,
    accessed May 11, 2016, <http://money.cnn.com/2014/06/12/technology/
    innovation/lowes-holoroom/>

8   John Markoff, "Microsoft Plumbs Ocean's Depths to Test Underwater Data Center," *New York
    Times*, January 31, 2016, accessed May 11, 2016, <http://www.nytimes.com/2016/02/01/
    technology/microsoft-plumbs-oceans-depths-to-test-underwater-data-center.html>

9   Gail Davidson, "The Future of Television," *Cooper Hewitt*, August 16, 2015, accessed May 11,
    2016, <http://www.cooperhewitt.org/2015/08/16/the-future-of-television/>

10 Ian Wylie, "Failure Is Glorious," *Fast Company*, September 30, 2001, accessed May 11, 2016,
    <http://www.fastcompany.com/43877/failure-glorious>

11 Malcolm Gladwell, "Creation Myth," *New Yorker*, May 16, 2011, accessed May 11, 2016,
    <http://www.newyorker.com/magazine/2011/05/16/creation-myth>

12 B. Bilger, "The Possibilian: What a brush with death taught David Eagleman about the mysteries
    of time and the brain," *New Yorker*, April 25, 2011.

13 Tom Kelley, *The Art of Innovation: Lessons in Creativity from IDEO, America's Leading Design Firm*
    (London: Profile, 2016).

14 Jeffrey Rothfeder, *Driving Honda: Inside the World's Most Innovative Car Company*
    (New York: Penguin, 2014).

15 Alyssa Newcomb, "SXSW 2015: Why Google Views Failure as a Good Thing," *ABC News*, March
    17, 2015, accessed May 11, 2016, <http://abcnews.go.com/Technology/sxsw-2015-google-views-
    failure-good-thing/story?id=29705435>

16 Nikil Saval, *Cubed: A Secret History of the Workplace* (New York: Doubleday, 2014).

17 Patrick May, "Apple's new headquarters: An exclusive sneak peek," *San Jose Mercury News*, October
    11, 2013. http://www.mercurynews.com/2013/10/11/2013-apples-new-headquarters-an-exclusive-
    sneak-peek/

18 Pap Ndiaye, *Nylon and Bombs: DuPont and the March of Modern America* (Baltimore: Johns Hopkins University Press, 2007).

19 "'Forget the Free Food and Drinks – the Workplace is Awful:' Facebook Employees Reveal the 'Best Place to Work in Tech' Can be a Soul-Destroying Grind Like Any Other," *Daily Mail*, September 3, 2013, accessed May 11, 2016, <http://www.dailymail.co.uk/news/article-2410298>

20 Maria Konnikova, "The Open-Office Trap," *New Yorker*, January 7, 2014, accessed May 17, 2016, http://www.newyorker.com/business/currency/the-open-office-trap

21 Anne-Laure Fayard and John Weeks, "Who Moved My Cube?" *Harvard Business Review*, July 2011, accessed May 11, 2016, <https://hbr.org/2011/07/who-moved-my-cube>

22 Jonah Lehrer, "Groupthink: The Brainstorming Myth," *New Yorker*, January 30, 2012.

23 Stewart Brand, *How Buildings Learn: What Happens After They're Built* (New York: Penguin, 1994).

24 Alex Osborn, *Your Creative Power: How to Use Imagination* (New York: Scribners and Sons, 1948), p. 254.

25 Jeff Gordiner, "At Eleven Madison Park, a New Minimalism," *New York Times*, January 4, 2016, accessed May 17, 2016.

26 Pete Wells, "Restaurant Review: Eleven Madison Park in Midtown South," *New York Times*, March 17, 2015, accessed May 17, 2016, <http://www.nytimes.com/2015/03/18/dining/restaurant-review-eleven-madison-park-in-midtown-south.html?_r=0>

27 David Fisher, *Tube: The Invention of Television* (New York: Harcourt Brace, 1996).

28 Tony Smith, "Fifteen Years Ago: The First Mass-Produced GSM Phone," *Register*, November 9, 2007, accessed May 11, 2016, <http://www.theregister.co.uk/2007/11/09/ft_nokia_1011/>

29 Jason Nazar, "Fourteen Famous Business Pivots," *Forbes*, October 8, 2013, accessed May 11, 2016, <http://www.forbes.com/sites/jasonnazar/2013/10/08/14-famous-business-pivots/#885848d1fb94>

30 Tim Adams, "And the Pulitzer goes to … a computer," *The Guardian*, June 28, 2015. Accessed September 11, 2016, <https://www.theguardian.com/technology/2015/jun/28/computer-writing-journalism-artificial-intelligence>

31 Matthew E. May, *The Elegant Solution: Toyota's Formula for Mastering Innovation* (New York: Free Press, 2007).

32 Susan Malanowski, "Innovation Incentives: How Companies Foster Innovation," *Wilson Group*, September 2007, accessed May 11, 2016, <http://www.wilsongroup.com/wp-content/uploads/2011/03/InnovationIncentives.pdf>

33 "How Companies Incentivize Innovation," *SIT*, May 2013, accessed May 11, 2016, <http://www.innovationinpractice.com/How%20Companies%20Incentivize%20Innovation%20E-version%20May%202013.pdf>

34 Eric Schmidt and Jonathan Rosenberg, *How Google Works* (New York: Grand Central, 2014).

35 Tom Kelley, *The Art of Innovation* (New York: Doubleday, 2001).

十二. 有創意的學校

1   *Workshop Proceedings of the 9th International Conference on Intelligent Environments*, ed. Juan A. Botía and Dimitris Charitos (Amsterdam: IOS Press Ebooks, 2013), accessed August 21, 2015, <http://ebooks.iospress.nl/volume/workshop-proceedings-of-the-9th-international-conference-on-intelligent-environments>

2   Shumei Zhang and Victor Callaghan, "Using Science Fiction Prototyping as a Means to Motivate Learning of STEM Topics and Foreign Languages," *2014 International Conference on Intelligent Environments* (Los Alamitos: IEEE Computer Society, 2014).

3   Amy Russell and Stephen Rice, "Sailing Seeds: An Experiment in Wind Dispersal," *Botanical Society of America*, March 2001, accessed August 21, 2015, <http://botany.org/bsa/misc/mcintosh/dispersal.html>

4   James Gleick, *Genius: The Life and Science of Richard Feynman* (New York: Pantheon Books, 1992).

5   Kamal Shah et. al, "Maji: A New Tool to Prevent Overhydration of Children Receiving Intravenous Fluid Therapy in Low-Resource Settings," *American Journal of Tropical Medical Hygiene* 92, no. 5 (2015), accessed May 11, 2016, <http://dx.doi.org/10.4269/ajtmh.14-0495>

6   Carol Dweck, *Mindset: The New Psychology of Success* (New York: Random House, 2006).

7   The school is the Renaissance Expeditionary Learning Outward Bound School. Sixth-grader Trissana Krupa is the poet of "Still I Smile".

8   See Runco et. al., "Torrance Tests of Creative Thinking as Predictors of Personal and Public Achievement: A Fifty-Year Follow-Up," *Creativity Research Journal 22*, no. 4 (2010): p. 6. See also, E. Paul Torrance, "Are the Torrance Tests of Creative Thinking Biased Against or in Favor of 'Disadvantaged' Groups?" *Gifted Child Quarterly* 15, no. 2 (1971): pp. 75–80. Summarising the results, Torrance wrote "An analysis of twenty studies indicates that in 86% of the comparisons, the finding was either 'no difference' or differences in favour of the culturally different group," in Torrance, *Discovery and Nurturance of Giftedness in the Culturally Different* (Reston: Council for Exceptional Children, 1977). Longitudinal studies have shown the Torrance Test to be a better predictor of creative achievement than IQ or SAT scores.

9   Robert Gjerdingen, "Partimenti Written to Impart a Knowledge of Counterpoint and Composition," in *Partimento and Continuo Playing in Theory and in Practice*, ed. Dirk Moelants and Kathleen Snyers (Leuven: Leuven University Press, 2010).

10 Benjamin S. Bloom and Lauren A. Sosniak, *Developing Talent in Young People* (New York: Ballantine Books, 1985).

11 Mikael Carlssohn, "Women in Film Music, or How Hollywood Learned to Hire Female Composers for (at Least) Some of Their Movies," *IAWM Journal* 11, no. 2 (2005): pp. 16–19; Ricky O'Bannon, "By the Numbers: Female Composers," *Baltimore Symphony Orchestra*, accessed May 11, 2016, <https://www.bsomusic.org/stories/by-the-numbers-female-composers.aspx>

12 Maria Popova, "Margaret Mead on Female vs. Male Creativity, the 'Bossy' Problem, Equality in Parenting, and Why Women Make Better Scientists," *Brain Pickings*, n.d., accessed May 11, 2016, <http://www.brainpickings.org/2014/08/06/margaret-mead-female-male/>

13 James S. Catterall, Susan A. Dumais, and Gillian Harden-Thompson, *The Arts and Achievement in At-Risk Youth: Findings from Four Longitudinal Studies* (Washington: National Endowment for the Arts, 2012).

14 John Maeda, "STEM + Art = STEAM," *e STEAM Journal*: Vol. 1: Iss. 1, Article 34. Available at: <http://scholarship.claremont.edu/steam/vol1/iss1/34>

15 Steve Lohr, "IBM's Design-Centered Strategy to Set Free the Squares," *New York Times*, November 14, 2015, accessed May 11, 2016, <http://www.nytimes.com/2015/11/15/business/ibms-design-centered-strategy-to-set-free-the-squares.html?_r=0>

16 Marlene Cimons, "New in Rescue Robots: Survivor Buddy," *US News and World Report*, June 2, 2010, accessed May 17, 2016, <http://www.usnews.com/science/articles/2010/06/02/new-in-rescue-robots-survivor-buddy>

17 Robin Murphy et al., "A Midsummer Night's Dream (With Flying Robots)," *Autonomous Robots* 30 (2011), <doi:10.1007/s10514-010-9210-3>

18 Morton Feldman, "The Anxiety of Art," in *Give My Regards to Eighth Street: Collected Writings of Morton Feldman* (Cambridge, MA: Exact Change, 2000).

19 H.L. Gold, "Ready, Aim—Extrapolate!" *Galaxy Science Fiction*, May 1954.

20 Mimi Hall, "Sci-fi writers join war on terror," *USA Today*, May 31, 2007, accessed May 11, 2016, <http://usatoday30.usatoday.com/tech/science/2007-05-29-deviant-thinkers-security_N.htm>

21 Emily Dickinson, *The Complete Poems of Emily Dickinson* (Boston: Little, Brown, 1924; Bartleby.com, 2000).

22 Katrina Schwartz, "How Integrating Arts in Other Subjects Makes Learning Come Alive," KQED News, January 13, 2015, <https://ww2.kqed.org/mindshift/2015/01/13/how-integrating-arts-into-other-subjects-makes-learning-come-alive/>
Keith McGilvery, "Burlington principal wins national award," WCAX, March 31, 2016. http://www.wcax.com/story/31613997/burlington-principal-wins-national-award

23 Stephen Nachmanovitch, *Free Play: Improvisation in Life and Art* (New York: Jeremy P. Tacher/Putnam, 1990).

十三. 前進未來

1 Anthony Brandt, "Why Minds Need Art," *TEDx Houston*, November 3, 2012, accessed May 17, 2016, <http://tedxtalks.ted.com/video/Anthony-Brandt-at-TEDxHouston-2>

2 Yun Sun Cho et al., "The tiger genome and comparative analysis with lion and snow leopard genomes," *Nature Communications* 4 (2013), <http://dx.doi.org/10.1038/ncomms3433>

創造力 3B 法則
善用大腦的運作機制，提升創新思考的核心能力！

作　者／David Eagleman & Anthony Brandt
譯　者／丁凡

副總編輯／陳莉苓
特約編輯／周琳霓
封面設計／黃淑雅
行銷／陳苑如

發行人／王榮文
出版發行／遠流出版事業股份有限公司
100 臺北市南昌路二段 81 號 6 樓
郵撥／ 0189456-1
電話／ 2392-6899　傳真／ 2392-6658
著作權顧問／蕭雄淋律師

2020 年 7 月 1 日 初版一刷
售價新台幣 420 元
　（缺頁或破損的書，請寄回更換）
有著作權 • 侵害必究　Printed in Taiwan

國家圖書館出版品預行編目

創造力 3B 法則 / David Eagleman, Anthony Brandt 著；
丁凡譯 . -- 初版 . -- 臺北市：遠流, 2020.07
　　面；　公分

譯自：The Runaway Species : how human creativity
　　　remakes the world

ISBN 978-957-32-8790-2（平裝）

1.創造力 2.創造性思考

176.4　　　　　　　　　　　　　109006580

YL遠流博識網
http://www.ylib.com
e-mail:ylib@ylib.com